书山有路勤为泾,优质资源伴你行
注册世纪波学院会员,享精品图书增值服务

快思慢行
中层如何抓住本质拿结果

张 峰 著

电子工业出版社
Publishing House of Electronics Industry
北京·BEIJING

未经许可,不得以任何方式复制或抄袭本书之部分或全部内容。
版权所有,侵权必究。

图书在版编目(CIP)数据

快思慢行:中层如何抓住本质拿结果 / 张峰著.
北京:电子工业出版社, 2025. 5 (2025. 9重印). — ISBN 978-7-121-49976-0

Ⅰ. F272

中国国家版本馆CIP数据核字第202512UE41号

责任编辑:吴亚芬
印　　刷:河北虎彩印刷有限公司
装　　订:河北虎彩印刷有限公司
出版发行:电子工业出版社
　　　　　北京市海淀区万寿路173信箱　邮编:100036
开　　本:880×1 230　1/32　印张:7　字数:224千字　彩插:1
版　　次:2025年5月第1版
印　　次:2025年9月第2次印刷
定　　价:59.80元

凡所购买电子工业出版社图书有缺损问题,请向购买书店调换。若书店售缺,请与本社发行部联系,联系及邮购电话:(010)88254888,88258888。

质量投诉请发邮件至zlts@phei.com.cn,盗版侵权举报请发邮件至dbqq@phei.com.cn。

本书咨询联系方式:(010)88254199,sjb@phei.com.cn。

以结构之力,解管理之困

李忠秋

结构思考力研究中心创始人、畅销书《结构思考力》作者

初次翻阅张峰老师的新作《快思慢行:中层如何抓住本质拿结果》,我便被书中扑面而来的实践智慧所吸引。作为一名长期研究结构化思维与问题解决的培训从业者,我深知中层管理者面临的挑战——既要承上启下,又要冲锋陷阵;既要快速响应,又要直击本质。而这本书,恰恰为这一群体提供了一套清晰可循的"解题地图"。

管理的困境,本质是思维的困境

中层管理者的难,往往难在"既要、又要、还要"。他们需要处理庞杂的事务,协调多方利益,更需在有限时间内拿出结果。然而,许多管理者容易陷入"快行慢思"的陷阱:急于行动,却未深究问题根源;疲于救火,却忽视系统优化。张峰老师在书中一针见血地指出:"组织对中层的期待,不仅是解决问题,更是找到问题背后的问题(PBP)。"这一观点与《结构思考力》中强调的"先问目的,再谈方案"不谋而合——管理的本质,是思维的升级。

书中以"客户投诉处理及时率"为例,层层剖析问题的三层结构(P_2、P_1、P_0),生动诠释了何为"冰山下的本质"。这种从表象到根源的递进分析,正是结构化思维的典型应用。若中层管理者能掌握这一方法,便能在纷繁复杂的任务中抽丝剥茧,化被动为主动。

模型的价值,在于化繁为简

书中的小工具——"一停二看三通过",让人印象深刻。"一停"强调暂停行动、审视问题,恰似结构思考中的"界定问题";"二看"借助铁三角锁定本质,对应"构建逻辑";"三通过"则通过动态调整确保结果,暗合"落地执行"。这种将复杂管理场景提炼为简洁模型的能力,正是张峰老师作为实战派专家的独到之处。

更值得一提的是,书中工具兼具系统性与灵活性。无论是"课题澄清的 7 步 21 问",还是"指标追踪的四类方式",均以业务场景为土壤,以结果导向为根基。读者无须纠结术语,只需按图索骥，便能将理论转化为行动。这种"工具即战力"的风格，恰是中层管理者最需要的务实指南。

从思维到行动，见证成长之力

本书的另一个亮点，在于其对人性的深刻洞察。张峰老师坦言："每一个问题的解决都是一次自我成长。"在"缩短投诉处理时长"的案例中，他并未止步于流程优化，而是引导读者思考如何通过"降低投诉量"实现根本性改善。这种从"救火"到"防火"的跃迁，正是中层管理者从"战术执行者"蜕变为"战略协同者"的关键。

此外，许多管理者精于技术与人际，却疏于本质思考，最终陷入"费力不讨好"的困局。而本书通过大量案例与模型，潜移默化地培养读者的系统思维与前瞻视角，助力"概念技能"的完善。这种思维的锤炼，远比短期绩效的提升更具长远价值。

写在最后：一本值得放在案头的工具书

《快思慢行：中层如何抓住本质拿结果》的独特之处，在于它既是一本工具书，亦是一本成长手册。它不堆砌理论，不空谈概念，而是用真实场景与实用工具，为中层管理者搭建了一座从"盲目行动"到"精准解题"的桥梁。无论是迷茫中的新任中层，还是遇到瓶颈的资深中层，都能从中找到破局之道。

  作为同行者，我由衷欣赏张峰老师的务实与匠心。在信息过载的今天，能有一本书将复杂管理问题化繁为简，实属难得。愿每一位读者都能借由本书，掌握"快思慢行"的智慧，在管理的征途中，既看得清本质，又拿得到结果。

车阿大

西北工业大学管理学院院长、博士生导师

当今商业环境瞬息万变，中层管理者作为企业战略落地的关键一环，其重要性不言而喻。他们既是承上启下的桥梁，也是推动企业持续发展的重要力量。因此，如何培养和提升中层管理者这一企业"腰部力量"的能力，一直是管理教育与实践中的核心议题。近日，得知我的学生张峰即将出版新书《快思慢行：中层如何抓住本质拿结果》，我深感欣慰，并欣然提笔为之作序。

张峰在攻读EMBA期间，就以其扎实的理论基础和丰富的实践经验，给我留下了深刻的印象。他善于思考，勇于实践，将所学知识与中国企业实际紧密结合，不断提升自己的管理能力和水平。毕业后，他专注于"行动学习3.0"的推广落地，在提升中层管理干部能力的同时，也为国内众多企业创造了良好的业绩——几十个改善课题年效益过千万元，上百个课题年效益过百万元。如今，他将这些宝贵的经验进行凝练和总结，与广大读者分享，无疑会带来更大价值。

《快思慢行：中层如何抓住本质拿结果》这本书，是张峰过去十几年来管理实践的智慧结晶。书中提出的"PBP 铁三角"模型，旨在帮助中层管理者快速界定本质问题；而"PAS 铁三角"模型则提供了高质高效解决问题的策略。这两个模型相互补充，构成了完整的问题解决框架，具有很强的实用性和可操作性。它们不仅为中层管理者提供了清晰的问题解决路径，更有助于培养他们敏锐的问题意识和高效的执行力。

中国的 EMBA/MBA 教育旨在培养具有国际视野、本土情怀、创新精神和社会责任感的商业领袖和中高级管理者。张峰在书中所阐述的理念和方法，对 EMBA/MBA 学生的培养亦有助益。通过阅读本书，大家可以更加深入地理解中层管理的复杂性和挑战性，学习如何运用科学的方法论界定和解决问题，从而提升自己的管理水平。

总体说来，《快思慢行：中层如何抓住本质拿结果》不仅是一本实用的管理工具书，更是一本能够引发管理者深思的智慧之作。它教会我们如何在纷繁复杂的管理实践中，保持清醒的头脑，快速抓住问题的本质，并采取有效的措施加以解决。这种能力对于每一位管理者来说都至关重要，不仅关系到其个人的职业发展，更关系到其所在企业的兴衰成败。

最后，我衷心推荐《快思慢行：中层如何抓住本质拿结果》一书给所有关心管理教育和致力于提升管理水平的朋友们。希望更多的人能够从这本书中汲取智慧和力量，不断提升自己的管理水平，为企业和社会的发展做出更大的贡献。

本书获得的称赞

这是一本为中层管理者量身打造的管理指南。在复杂多变的商业环境中，中层管理者常常面临种种挑战与困惑，而这一切的根源往往在于未能把握管理的深层次本质。本书作者凭借专业能力和不懈努力，深入剖析了管理的本质，为迷茫中的管理者指明了方向。

书中以简洁易懂的语言，结合管理实际，深入浅出地探讨了中层管理面对的问题。书中的案例贴近实际，仿佛就是发生在我们身边的管理场景，让人读来感同身受。通过细致入微的分析，作者引导我们一步步剥开问题的表象，直达问题的核心，让我们在面对复杂的管理场景时，能够迅速找准关键，有的放矢。

尤为值得一提的是，本书提出的"问题解决沙漏模型"，为我们提供了一种思考框架。它引导我们如何用宏观的确定性去应对微观的不确定性，通过模型和方法，高效解决问题，实现高质量管理。这一模型是中层管理者提升管理能力、把握管理本质的得力助手。

总之，这本书是一本值得中层管理者细细品读的书籍。它不仅能够帮助你深究管理本质，更能手把手教你如何将理论付诸实践，实现从困惑到明晰、从低效到高效的转变。在这个充满挑战的时代，管理者需要探索管理的真谛，持续迈向更加卓越的管理之路。

凌鸿
复旦大学管理学院信息管理与商业智能系教授、
博士生导师、复旦大学智慧城市研究中心主任

张峰老师的这本书，我读后可以概括为12个字：中国场景，日式风格，洞悉本质。首先，本书所举的案例场景，绝大多数来源于中国企业，使读者阅读时能够产生强烈的代入感。其次，本书的叙事风格与日本著作颇为相似——通过引人入胜的小故事、2×2式矩阵的条分缕析，以及每一节末尾的揭示语，言近旨远，这种方式特别契合如今新生代管理者的快阅读偏好。最后，这本书聚焦于企业中层如何找到"本质问题"，作者凭借多年在行动学习领域的丰富实操经验，引领中国企业"腰部力量"的崛起。这是一本值得中国企业中层管理者群体人手一本的佳作，我诚挚地向大家推荐。

邓斌
华为公司原中国区规划咨询总监、《华为管理之道》等畅销书作者

本书获得的称赞

很轻松而愉悦地读完张峰老师的这本新作。这本书的受众群定义得很清楚，给中层管理人员。同时，作者也给本书一个清楚的定性——操作简单的工具书。张老师用了一个简单模型 PBP+PAS 来解决中层管理者日常面对的管理问题，拨开迷雾，究其本质，设立目标，厘清现状，找到路线。其实解决问题不就是化繁为简，念念不忘，必有回响的理性之路吗？一如既往地，张老师将其在多年管理咨询实践中的案例用得炉火纯青，将复杂的问题用简单易懂的方法和语言剖析给读者，启发读者思考，和作者一起找寻答案。相信读者可以在日常管理工作中通过实践以上模型，反复思考，不断提升自己分析问题并解决问题的能力。

黄坤宇

溢达集团首席人力官

张峰老师与我是莫逆之交，往昔我任深信服 CTO 时，他的"行动学习 3.0"方法理论助力我的团队攻克诸多难题，令我印象深刻且满怀感激。如今张峰老师新作《快思慢行：中层如何抓住本质拿结果》问世，作为他的朋友、粉丝与学生，我很荣幸为其做推荐。

此书堪称实用工具书，中层管理者依书中指引，能轻松锁定问题根源，快速收获良好成果。书中构建的知识体系，对提升管理能力大有裨益。同时，管理者还能从中领悟到，解决问题就是自我成长，挑战皆为提升契机。

相信广大中层管理者研读此书后，定能将所学运用到实际工作中，提升解决问题的能力，实现自我与团队的共同发展。期待大家都能从这本书中汲取力量，有所收获。

曹心驰

中国电子云前副总裁、深信服科技股份有限公司前 CTO

和张峰老师相识是在 2019 年的比亚迪中高层 MBA 研修班，总共 12 期的培训，张峰老师负责行动学习项目，我负责沙盘模拟演练课程，大家经常一起探讨课程中遇到的问题和解决方法。时常感叹于张峰老师的洞察力、思考力和复杂问题的解决能力。

我有幸提前拜读了张峰老师的新书《快思慢行：中层如何抓住本质拿结果》，立刻产生了向广大读者推荐的冲动。书中透彻的逻辑分析、实用的解题方法无不体现出张峰老师对行动学习的深邃认识和超前思考。相信这本书一定能够帮助读者朋友找到抓住本质拿结果的可行路径与方法。

刘月松

沙盘模拟教学带头人

本书获得的称赞

在世界 500 强企业深耕三十年，我见证了无数中层管理者在战略解码与执行落地间的艰难求索。张峰博士的新著《快思慢行：中层如何抓住本质拿结果》，直击这一群体的核心痛点。全书以"本质思维"为主线，通过独创的"问题解决沙漏模型"，系统梳理复杂管理场景，帮助中层快速定位问题核心。书中摒弃传统管理书籍的冗长理论，以大量实战案例为基底，构建出可直接落地的"边学边用"工具箱。

这本书如同"中层管理指南针"，既为新晋升者提供清晰的行动地图，又为资深者揭示突破瓶颈的路径。面对数字化浪潮对管理模式的冲击，这本书堪称中层管理者案头必备的实战手册，助力他们在瞬息万变的商业环境中持续输出有效成果。

刘玉荣

尼得科仪器（广东）有限公司副总经理

张峰老师作为行动学习领域专家，始终致力于运用行动学习的精妙方法，精准破解企业业务难题，在行动学习理论的研究与应用上，构建了独树一帜且行之有效的体系与方法路径。

继《行动学习 3.0》之后又总结沉淀了这本书，本书巧妙地用"治病"话术为载体,从中层管理者之困出发,从剖析中层管理者的现实困境出发,为读者徐徐展开一幅系统且完备的问题解决画卷。它不仅涵盖了从发现问题的敏锐洞察,到解决问题的高效策略,再到迭代优化的持续精进的完整流程,还提供了一系列极具实操性、拿来即用的工具方法。

李志刚

广新集团学习与创新中心负责人

这本书是一本非常实用的工作指导手册。作者基于多年的中层管理者辅导经验,洞察到能否识别与抓住本质问题是决定中层工作成败的关键所在,总结出关于本质问题的灵魂三问和五大评价标准等工具方法,以理论结合实践的方式展开阐述,生动形象地剖析如何抓住本质拿到结果。书中既有对接手一项工作的全面分析,本质问题挖掘,又有循序渐进、有径可依的解题全过程,定会对中层管理者从战略解读到结果交付有非常大的帮助。

阅读这本书,让我回想起多年前自己刚做中层管理者时的青涩茫然,有使不完的劲儿却不知从何做起,事倍功半的狼狈情形,如果当时读了这本书,相信可以少走很多弯路,极大缩短转身的时间。强烈推荐给所有身处职业生涯关键阶段、笃定在团队管理道路上扬帆远航、凯歌高奏的中层管理者们。

陈阳
TCL 多媒体原市场负责人、百度前大区总监

行动学习是一种经过市场验证的有效学习和发展手段，强调通过系统的方法论来定义、分析并解决问题。其核心在于如何找到真正的问题，确保获得"正确"的结果。企业创新与变革就是在不断解决问题的过程中得以实现的。作者在行动学习领域有多年经验，书中提供了很多实用的工具和方法，对于我们理解并实践行动学习很有帮助。

李亚珠
Goodix 领导力发展总监

快思慢行，先用 360 度全方位的思考模型直击问题本质，层层剖析，再用稳健的步伐推进解决方案，这不仅是一种思维方式，更应该扎根到每一个中层管理者的基因之中。读完此书，心中涌起一种立刻让组织内所有的中层管理者都来学习"问题解决沙漏模型"的冲动，从思维到行动，直至成为一种生活方式，这样的组织怎能不无往不胜，这样的组织怎能不令人神往

呢？致虚极，守静笃。愿每一位读过本书的伙伴都能在快速变化的时代中，既敏锐又镇定；既努力探索，又永葆好奇，不止于问题和结果，而是在拥抱组织与个人的变化中不断成长。

赵澄非

华润三九医药股份有限公司培训发展总监

在当今充满变数与挑战的时代，企业如何穿越风雨，稳健前行？关键在于高质高效解决问题，并同步提升中层干部的概念技能与人际技能。张峰老师的这本书，为此提供了实战指南。本书实践性、操作性极强，干货满满。张峰老师以深厚理论功底和丰富实战经验，深入浅出阐述快思慢行之道，助力中层管理者抓住问题本质，高效解决问题。相信这本书将引导中层管理者化繁为简，专注深耕，为企业发展贡献更大力量。

潘海州

正祥集团副总裁

欣闻张峰老师新作付梓在即，作为深耕国企党建领域的工作者，我深感荣幸能提前拜读并为其撰文推荐。

张峰老师是国内行动学习资深专家，十余年来专注管理实践与理论创新的深度融合，其独创的方法论在破解管理瓶颈、提升团队效能和改善业绩指标等方面成效斐然。这本书作为其多年实践智慧的结晶，既是中层管理者的行动指南，更是思维跃迁的认知地图。书中独创的"问题解决沙漏模型"，为企业中层干部提供了系统化工具，助其跳出事务性思维桎梏，从战略维度解码政策内涵，在全局视野中推动执行落地。书中诸多创新性管理工具虽属首创，却与党建工作中的问题导向、纵横研判、热点聚焦、借势发力等经典方法形成奇妙共鸣。这种跨越领域的智慧共振，恰恰印证了管理科学的内在相通性。

相信每位躬耕于国企改革一线的读者，都能从中获得思维破局的密钥，在错综复杂的管理实践中笃定前行。

段华丽

广州国企党建学院执行副院长、广州经理人才培训中心主任

《快思慢行：中层如何抓住本质拿结果》是一本专为中层管理者打造的实战指南，旨在帮助他们在复杂的商业环境中提升决策能力、提高执行效率，并精准把握关键问题。

作者张峰老师凭借多年企业培训与行动学习的经验，深入剖析中层管理的核心挑战，提出"问题解决沙漏模型"与"关

键词立体解读法"等方法工具，系统拆解决策过程，提供清晰的方法论。这本书不仅强调理论思维与实践应用的深度融合，更着重于落地执行，帮助管理者厘清思路、聚焦本质，并最终推动业务增长与团队绩效提升。对于商学院而言，本书内容能够作为教学案例与实训素材，帮助学生在模拟决策中快速掌握商业本质，缩短从理论到实践的转化路径。

无论是希望突破瓶颈，还是寻求高效管理方法的中层干部，这本书都能为你提供切实可行的指导。强烈推荐！

张博坚

澳门科技大学商学院教授、管理学系系主任、博士生导师

2021年初，耗时3年的《行动学习3.0：从"过程引导"到"思维引领"》一书终于付梓出版。

承蒙读者抬爱，该书一上市就获得各方好评：

- 作者实操经验非常丰富，读后茅塞顿开！
- 书中案例非常典型，感觉就像发生在自己身上一样。
- 本书对于行动学习的成果输出有很好的驱动作用。
- 实践性极强的一本书，干货满满，赞。

- 我是一名行动学习老师，学了这本书的内容之后，终于知道后续的进阶之路了。
- ……

同时，也收到了很多读者朋友和客户的反馈与建议：

- 张老师，这本书知识密度太大，完整阅读下来还真需要一些勇气！
- 虽然读了大半年还没读完，但这本书治好了我多年的失眠症，太棒了！
- 之前我艰难地啃完了整本书，但似懂非懂，直到您带着我们做了完整项目，我才终于能够完全串起知识点。
- 我们是业务部门，不懂什么是"行动学习"，我觉得也没必要懂，估计"行动学习"这个词本身就已经拒很多人于千里之外了。
- 我们中层管理者要带团队拿结果，能不能简化下，写一本如何快速制胜的书？
- ……

是啊，能不能跳出"行动学习"这个概念，为中层管理者写一本更容易上手的实操工具书，以便大家能够高质高效地拿结果？

前言

为什么不能？

2012—2016 年，我有幸跟随人力资源咨询领域大咖王志刚老师学习，总听他讲洞见，讲本质问题。当时似懂非懂，并不以为意。后来，随着咨询项目越来越多，以及加上王老师的不断点拨，我慢慢有了进一步的体悟。同时，心里也暗暗下定决心：未来 10 年我要写一本书，帮助大家找到"本质问题"（也称为 PBP：The Problem Behind the Problem）。

2016—2023 年，我忙于各种项目设计与交付，其中半数以上的项目客户都是中层管理者，这为我提供了非常难得的近距离接触中层管理者这一群体的契机。借由项目，我不断地学习、实践、反思与提炼，也在 2021 年出版了我的第一本著作（《行动学习3.0：从"过程引导"到"思维引领"》），这对于探寻如何帮助中层管理者更好地履职打开了一扇窗。2023 年，结合读者和客户的反馈建议，我删繁就简，将第一本著作中的方法论与 2014 年提出的"问题解决沙漏模型"进行深度融合与再创造，并以此为基础写成本书。期待本书能够帮助中层管理者更好地应对挑战、快速提升自身价值。

就像诊断疾病的过程，本书分为 5 章和附录，结构比较简单。为了便于读者阅读，以下简要介绍各章和附录的要点。

- 第1章 费力却不讨好，这是怎样发生的：通过身边的典型案例来看中层管理者之困。

- 第2章 症状≠疾病：借助"PBP铁三角"重新审视问题，抽丝剥茧，找到问题背后的问题。

- 第3章 当我们说到痊愈时，我们在谈论什么：以终为始，思考如何设定合理的目标。

- 第4章 确诊与治愈，隔着一条马里亚纳海沟：使读者认识到解决问题的过程并非一帆风顺，而是需要经历各种挑战和困难。而运用"PAS铁三角"能够帮助读者从容应对挑战——找准分析要点、提出可行路径、解决问题背后的问题。

- 第5章 我们痊愈了吗：介绍如何借由路径迭代、指标追踪和交付物迭代来夯实既有成果，促成痊愈。

- 附录 部分课题解题过程回顾：将书中的三个解题案例连起来呈现，便于读者更好地消化吸收。此外，读者也可以先读附录部分，在有了大概印象后再从第1章读起，这样理解起来更容易。

简而言之，《快思慢行：中层如何抓住本质拿结果》是一本操作简单的工具书，中层管理者可以按照书中指引，轻松锁定问题背后的问题并快速拿到好结果，同时体会到解题过程中自

前　言

我成长的快乐。那么，除了中层管理者，本书还适合哪些人士阅读呢？

☑ 首先，是基层管理者。虽然目前还没能晋升到中层，但提前预习中层的工作场景和思维方式，能够帮助基层管理者实现职场加速跑。

☑ 其次，是人力资源伙伴。借助书中高度还原的业务场景，人力资源伙伴可以身临其境地感知到中层管理者的所思所想所感，为与业务部门建立更密切和高效的协作关系奠定基础。

☑ 最后，是行动学习专家。本书不失为一本翔实的课题辅导手册，借助书中的思维模型和工具，行动学习专家按图索骥进行课题辅导，能够有效弥补只做过程引导的不足，助力项目成功。

所以，本书的受众不仅是中层管理者，广大的基层管理者、人力资源伙伴和行动学习专家也都可以从中获得收益。

在本书的写作过程中，多次遇到卡点。每当这个时候，家中"最高领导"总是不吝鼓励，最爱爸爸的小毛驴儿和最能欺负爸爸的小糊糊也总是能给我注入新的能量，让我重拾勇气、披荆斩棘，爱你们！

本书思维导图由超爱行动学习并且热心的吴超民老师绘制，非常感谢！同时，在本书的最后校对环节，王可老师、骆天老师、李波老师和蒋芸老师给予了很多高价值反馈，非常感谢！

最后，祝愿所有中层管理者在人生的道路上，勇敢地迎接挑战，不断地成长和进步！祝福我的家人和读者朋友心想事成！

张峰

行动学习3.0创始人、中层干部培养专家

2025年1月于澳门

目录 Contents

第1章　费力却不讨好，这是怎样发生的 …………………… 001

01　拿到了结果，为什么还是会挨批 …………………… 003
02　组织到底要什么 …………………………………… 009
03　等等！一停二看三通过 …………………………… 025

第2章　症状≠疾病 …………………………………………… 031

04　你真的理解这些关键词了吗 ………………………… 033
05　别急！要先拉起，才能放下 ………………………… 043
06　放下，谈何容易 …………………………………… 053
07　这些年来，我们搞错的对象 ………………………… 070

第3章　当我们说到痊愈时，我们在谈论什么 …………… 081

08　管他三七二十一（S7Q21）………………………… 083
09　我们到底想要什么结果 …………………………… 094
10　这些年，我们设定过的自欺欺人的目标 …………… 104

第4章　确诊与治愈，隔着一条马里亚纳海沟 …………… 115

11　想要回响？那得先念念不忘 ………………………… 117
12　害死人的"我以为" ………………………………… 131
13　这么干靠谱吗 ……………………………………… 140

第 5 章　我们痊愈了吗 ·· **145**

 14　你知道布朗运动吗 ································· 147

 15　恼人的路径依赖 ···································· 153

 16　如何确保真的治好 ································· 158

附录　部分课题解题过程回顾 ······························· **165**

 附录 A　"如何降低员工流失率"解题过程 ············· 167

 附录 B　"如何提高智慧园区解决方案的客户价值"

     解题过程 ······································ 172

 附录 C　"如何降低软件变更人力投入"解题过程 ······ 179

后记　你重回跑道了吗 ······································ **191**

第1章

费力却不讨好,这是怎样发生的

01 拿到了结果，为什么还是会挨批

> 我迫不及待地想要证明自己的价值，让世界看到我的实力。
> ——迈克尔·乔丹

终于，晋升到了中层，你是不是憋足了劲儿想要大干一场，希望努力带领团队拿结果，同时也证明自己对于组织的价值？

对于客服中心来说，"客户投诉处理及时率"是重要的考核指标之一，并且完成这个考核指标似乎是个老大难问题。最近这两三年，这个考核指标的完成率一直在低位徘徊不前，客服中心因此没少被扣绩效分。同时，只要在经营分析会上讨论此问题，客服中心都会吸引不少火力，但说来说去都涉及"老三样"托词——产品太烂、客服人力不足，以及客户太刁钻。

上个月，你升任为中层经理，全面负责华南区客服中心和营业厅的工作。这不，屁股还没坐热，就开始针对"客户投诉处理及时率"这一棘手的问题展开攻坚战，设定了"3个月内，将'客户投诉处理及时率'由50%提升到85%"的目标，并且带着客服主管和核心员工展开了深入调研和分析。

你心里很清楚,要想提高及时率,首先得搞清楚啥是"及时率"。

及时率=(及时处理投诉的数量/投诉总量)×100%

结合以上计算公式,你知道,在"投诉总量"不变的基础上,只要尽可能增加"及时处理投诉的数量"就可以了。所以,很自然地,你将去年一年的所有投诉大致分成了两大类——处理及时的投诉和处理不及时的投诉。

同时,你发现对于有的投诉,虽然处理得不够及时,但是只超时了一点点;而对于有的投诉,超时却非常多。于是,你快速思考,一个及时类课题的"2×2矩阵"在你脑海中浮现,如图1-1所示。

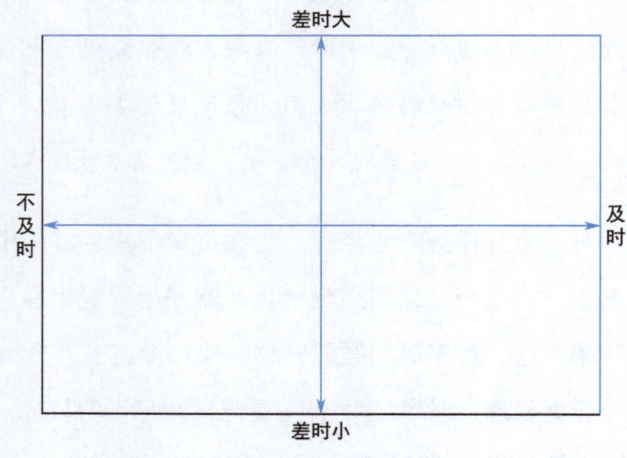

图1-1 及时类课题的"2×2"矩阵

第1章 费力却不讨好,这是怎样发生的

差时＝实际用时－标准用时

如果投诉处理的"实际用时"与"标准用时"的差值"≤0",也就是说"实际用时"较"标准用时"偏小或相同时,就叫"及时":

差时＝实际用时－标准用时≤0,则及时

同样,如果投诉处理的"实际用时"与"标准用时"的差值">0",也就是说"实际用时"较"标准用时"偏大,则为"不及时":

差时＝实际用时－标准用时＞0,则不及时

结合及时类课题的"2×2 矩阵",所有投诉处理就被分为四类（四个象限）,如图 1-2 所示。

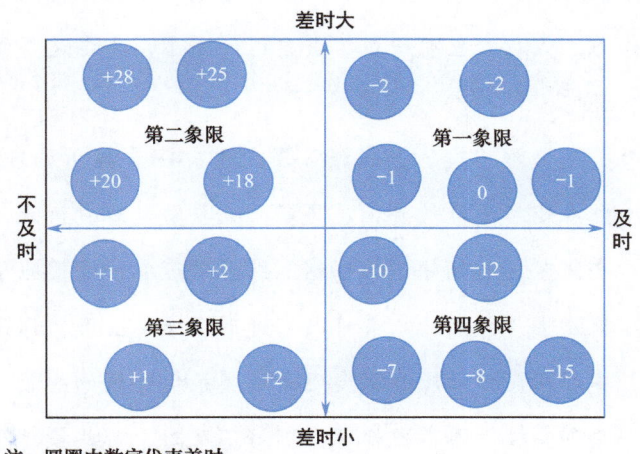

注：圆圈中数字代表差时。

图 1-2 四类投诉处理的"2×2 矩阵"

其中，

- **第一象限：投诉处理刚好及时**。第一象限中的客户投诉处理是企业的基本盘，一是绝对要守住，以免它们滑向第三象限（投诉处理刚好不及时）；二是绝对要禁止它们沦落到第二象限（投诉处理很不及时），影响整体及时率指标。

- **第二象限：投诉处理很不及时**。第二象限中的这些客户投诉处理时效超期很多（甚至有的投诉处理超期近1个月才处理完毕），很令人恼火，如果能大幅度压缩当然好。不过，因为基础太差，未来要想把它们都"抬进"第一象限（投诉处理刚好及时）或第四象限（投诉处理很及时），估计可得费一大番周折。想想自己的工作压力，你在心里默默数了数自己的发量，决定还是缓缓再说吧。

- **第三象限：投诉处理刚好不及时**。一个投诉处理下来，投诉处理专员既要还原事实，又要解读客户诉求，还得安抚客户和领导们的情绪，结果处理完一看傻眼了——折腾了一大圈儿，最终刚好超时了1～2天，你说郁闷不郁闷？如果能够深度还原这类投诉处理的明细，搞清楚哪些投诉通常被处理得刚好不及时、哪些投诉专员经常处理投诉刚好不及时、哪些投诉在某些环节总是因被耽误时间而导致最后的处理不及时，以及导致出现这些结果背后的那些可控但却未控制好的原因是什么，那么只要管理者和投诉处理专员稍微努力一下，则这个象限的投诉处理则很容易变得及时。因此，管理者要特别关注第三象限，也就是那些刚好不及时的投诉处理，因为控制它们就像去摘"低垂的果实"一样，唾手可得。

- **第四象限：投诉处理很及时。**第四象限中的这些客户投诉处理，流程关闭得非常快（甚至比规定时间早关闭了半个月），似乎不用管。但同时，正是因为这个象限中的客户投诉处理不需要管理者操心，所以常常会被管理者忽视。如果管理者能从那些处理得特别及时的投诉处理标杆案例中提炼出方法论，则对提高"客户投诉处理及时率"的整体指标一定会有很大的帮助。

梳理完四个象限，是不是松了一口气，对于拿到好结果更有信心了？

总而言之，要想提高"客户投诉处理及时率"，就需遵循以下策略。

- **稳住第一象限：**投诉处理刚好及时。第一象限中的客户投诉处理要是退步了，麻烦就大了，因此首先得稳住基本盘。

- **主攻第三象限**：投诉处理刚好不及时。只要在第三象限中的客户投诉处理上稍微努力一下，它们的投诉处理就会变得及时。既然投入产出比这么高，那你何乐而不为呢？

- **借力第四象限**：投诉处理很及时。明明有很好的经验，却让这些经验在那里"睡大觉"，白白浪费了，太可惜了吧？因此，整理一下成功要素，抄抄作业，多好！

- **慎入第二象限**：投诉处理很不及时。第二象限中的客户投诉处理得超时太严重了，想想就掉头发，精力有限，暂时还是装作没看见吧，等时机成熟再说吧。

有了以上思路，并掌握了以上策略之后，你一顿操作猛如虎，3个月后，企业的"客户投诉处理及时率"这个指标稳定在了90%（超过了原来设定的提升到85%的目标），一不小心你创造了客服中心历年来的"客户投诉处理及时率"的最高纪录。拿到了"好"结果，也证明了自己的价值，是不是特有成就感？

打住！如果你是基层骨干，取得这样的成绩确实值得表扬。但作为中层管理者，就差些意思了。因为，组织对中层管理者的期待，其实远不止如此。

02 组织到底要什么

> 世界上唯一不变的就是变化本身。
> ——《谁动了我的奶酪》，斯宾塞·约翰逊

管理的本质是通过他人达成绩效。而要想达成这一目标，需要管理者综合调用三类技能，即技术技能、人际技能和概念技能，如图 1-3 所示。

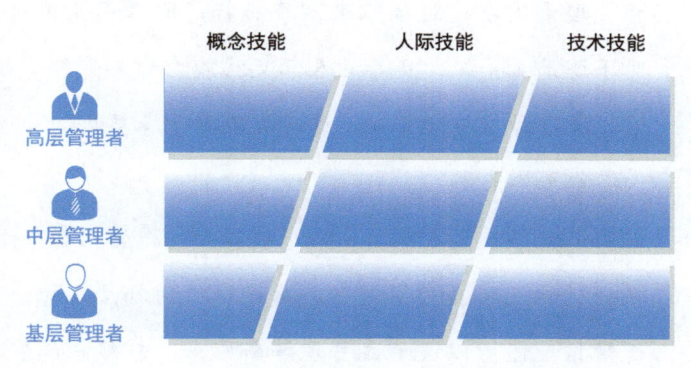

图 1-3 管理者需要综合调用的三类技能

- **首先，技术技能很关键**。技术技能主要体现在对特定领域知识或技术的掌握和运用上。以"空气动力学实验室主任"这个岗位为例，如果没有深厚的空气动力学理论基础

知识、实验设计与操作能力，以及数值模拟与仿真能力等，那你恐怕难以胜任。同样，奶粉生产公司的销售经理则需要具备奶粉生产的相关知识、市场策划和客户关系管理等能力。值得注意的是，技术技能在基层岗位中尤为关键，而随着管理层次的提升，其重要性通常会逐渐降低。

- **其次，人际技能不容忽视。** 人际技能涉及能否有效与人沟通，理解他人并激发他人潜能的问题。有些人在技术上表现出色，却在人际交往上显得力不从心。例如，只顾个人表达却不擅长倾听、不能很好地理解他人需求，或者害怕冲突、缺乏有效处理冲突的技巧等。然而，由于管理者需要通过团队来实现目标，所以无论是对上、对下还是对平级，良好的人际交往能力都是进行有效沟通、激励和授权的关键。这一技能对于各层级的管理者而言都至关重要。

- **最后，概念技能不能少。** 概念技能指的是管理者或个体在分析和处理复杂问题时，所展现出的抽象思维能力、逻辑推理能力以及形成并理解新概念、新观点的能力。这种技能使他们能够把握问题的本质，从全局和长远的角度进行思考和决策。即使一个管理者在技术和人际方面都表现出众，如果缺乏把握全局和本质的能力，那么他失败的风险非常高。

第 1 章　费力却不讨好，这是怎样发生的

简单小结一下：

- 管理者需要综合调用三类技能来达成组织目标。
- 无论是什么层级的管理者，人际技能对他来说都很重要。
- 随着管理层级的升高，技术技能的重要性逐渐走低，而概念技能的重要性则越来越高。

回到"提高客户投诉处理及时率"这个问题上，想一下问题背后的问题究竟是什么？如果企业的"客户投诉处理及时率"达到了100%，是否就意味着万事大吉了呢？

当然不是！为什么这样讲？以下简单地从内部和外部两个视角来进行说明。

首先，来看外部视角。企业当前的"标准用时"可能承袭于组织的旧有规定，或者是组织结合内外部形势综合考量后的决定，又或者是企业历经在市场上的各方博弈后的无奈选择。当切换到外部的客户视角时，你很可能会听到这样的一些声音：

"我已经等了3天了，你们一个电话都没打过！"

"10天（标准用时）还能叫及时，这是什么破规定？"

"3天果子就烂了，你们居然说7天处理都不算迟？"

"为什么不能当天就告诉我们调查结果？拖到5天才说，故

意的吧？"

……

可见，客户其实并不太在意投诉处理是否及时（客户投诉处理及时率），他们更关注的是这个问题背后的问题，即投诉处理够不够快，也就是投诉处理时长够不够短。换句话说，即使企业的客户投诉处理及时率达到了100%了，客户可能依然会因为处理得不够快而心生不满。

其次，再来看内部视角。客户投诉处理及时率稳定在90%（甚至100%）就万事大吉了吗？有没有想过这样的极端情况——上个月还是90%，而下个月客户投诉处理及时率直接断崖式下跌到了37%？

什么？你觉得这不可能发生？

"世界上唯一不变的就是变化本身。"斯宾塞·约翰逊在其著作《谁动了我的奶酪》中这样认为。例如，以前企业认为在处理某类客户投诉时，10个工作日之内处理完毕就算及时。然而现在，企业提出了更高的要求——及时的评判标准变为7个工作日，因此这个月的实际指标完成率呈现断崖式下跌，也就不足为奇了。是不是特别崩溃？

实际上，客户投诉处理及时率是相对的，看的是有多少比例的业务实际用时在标准用时允许范围内。因此，解决问题的本质不是及不及时，而是够不够快，也就是"客户投诉处理时长"够不够短。

如果把焦点调整到"如何缩短客户投诉处理时长"上，将短期定量目标设定为"3个月内，将投诉处理时长由20个工作日缩短为12个工作日"，则你的相应的关注要点也会发生显著变化。于是，在你的脑海中，一个新的"2×2矩阵"就出来了。这个新的"2×2矩阵"的横向指标不变，依然是"是否及时"，而纵向指标则变为"用时多少"。"用时多少"是相对概念，只在"同为及时"或"同为不及时"的投诉处理之间进行比较。

什么叫"用时"呢？说的就是处理投诉所用的时间（天数），从投诉发生时开始计时，到投诉处理完毕时结束计时。

用时 = 投诉处理关闭时间 − 投诉发生时间

由于投诉处理的要求是分层分类的——不同等级和类别的投诉处理标准时长会有差异，所以即使是相同的处理时长，如果针对A投诉处理是及时的，而针对B投诉处理就是不及时的，对于及时与否的评判具有相对性；而用时是绝对的，公司内部规定：小于等于15天的投诉处理称为"用时少"。

如果用时（投诉处理关闭时间－投诉发生时间）小于等于15天，则用时少

用时大于15天的投诉处理称为"用时多"。

如果用时（投诉处理关闭时间－投诉发生时间）大于15天，则用时多

如果结合"2×2矩阵"来分类，则投诉处理就被分为四类（四个象限），如图1-4所示。

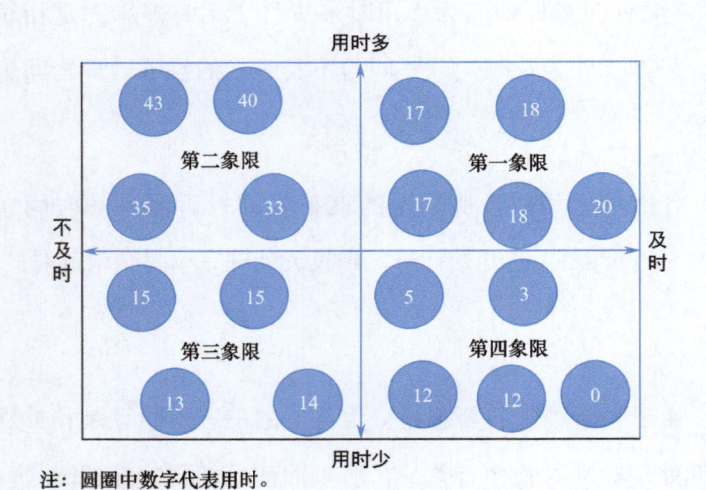

注：圆圈中数字代表用时。

图1-4　四类（四个象限）投诉处理

- **第一象限**：及时但用时多。首先，第一象限中的客户投诉处理是及时的，对于负责客户投诉处理的管理者来说

第1章 费力却不讨好，这是怎样发生的

压力还好。然而，需要特别注意的是，虽然这些客户投诉处理是及时的，但用时超过 15 天，所以对于管理者来说还是要优化此象限的客户投诉处理用时。

- **第二象限**：不及时且用时多。第二象限中的客户投诉处理既不及时，又用时很多（动辄用时 40 天以上，远超 15 天的内部规定），且投诉量又较大（占到总投诉量的 20% 以上），想想就睡不好觉。

- **第三象限**：不及时但用时少（刚好不及时）。第三象限中的客户投诉处理虽然用时较少，但却是不及时的，所以，如果能够把它们优化到第一或四象限就更好了。

- **第四象限**：及时且用时少。第四象限中的客户投诉处理既及时又快速，是管理者心目中的理想状态。

至此，四个象限盘点完了，那作为管理者你的策略也更为清晰了。

- **主攻第二象限**：不及时且用时多。毫无疑问，针对投诉量大、处理不及时且处理用时很长的客户投诉处理，无论是面对上级考核还是直面客户的激动情绪，你的压力都是巨大的，所以第二象限必须是主攻方向。

- **借力第四象限**：及时且用时少。因为第四象限的客户投诉处理既及时又快速，所以你得快速把处理经验

整理出来，以达到大幅度缩短客户投诉处理时长的目标。

- **适当关注一、三象限**。虽然你的目标是缩短客户投诉处理时长，而第一象限用时多，理应需要缩短，但毕竟这个象限里的客户投诉处理是及时的，所以如果压力不大时，可以暂且先放一放。第三象限中的客户投诉处理虽然不及时，但毕竟用时较少，而你的目标是缩短投诉处理时长，所以，如果通过第二象限就能达到这个目标，那么你就可以暂时不用关注第三象限的客户投诉处理问题了。

当明确了借助第四象限的经验方法来重点缩短了第一象限的客户投诉处理时长时，你也就锁定了要重点缩短的类别了。接下来，你进一步发挥"小宇宙"的能量，辅导团队成员继续思考"要在哪些环节缩短"。

一般来说，从接到投诉开始计时，到投诉处理完毕截止计时，一共有8个环节。你和团队成员很想知道：每个环节需要干什么、耗时多久、用时多的主要原因有哪些、员工要如何改才能缩短用时，以及各部门要怎么配合。于是，大家把这8个环节（中间省略）横向排列，多个相关问题思考竖向排列，就得到了一张简单的流程分析表，如表 1-1 所示。

表 1-1 流程分析表

8 个环节	接到投诉	复述确认	……	处理完毕
主要任务				
目前耗时				
超时原因				
可控但未控好的原因				
改善措施				
预防思路				
输入与输出				
责任人				

至此，你已经把课题从表层的"提高及时率"推进到了中间层的"缩短处理时长"了。因此，解题思路是不仅要优先关注第二象限——那些客户投诉处理用时过多的投诉处理上，还要进行流程分析，思考应该优先缩短哪些环节的用时【注：实际上你仍要考虑第二象限中投诉业务的数量及影响度，此处做了简化处理】。于是，你望着流程分析表，满意地点了点头——但随即眉头紧锁——好像处理力度还是不够，问题出在哪儿呢？

当你不仅提高了客户投诉处理及时率，而且还缩短了客户投诉处理时长时，对于中层管理者来说，已经跳过"及格线"到"良好线"了。但如果想要冲到"优秀"，那就必须得去到"降低投诉量"这个底层。进一步来说，即使客户投诉处理得再及时、用时再短,也不能说明你的工作做到位了,因为投诉这个事儿本身就是相对负面的事。如果没有那么多投诉,或者是能大幅度降低投诉量,那对企业来说不是更有价值吗?

如果继续将焦点转投到"降低投诉量"上,短期目标设定为"3个月内,将投诉量减少40%",那画一个新的"2×2矩阵"会很有帮助——横向是"投诉数量",而纵向则是"影响度"。

在"投诉数量"方面,按照公司规定,上一年超过20起的投诉类别就称为"数量大",小于或等于20起的称为"数量小";而在"影响度"方面,公司也早有划分。"投诉数量"与"影响度"的乘积称为"危害性",而"危害性大小"(在"2×2矩阵"上用气泡大小表示)是公司决定是否优先采取措施的重要依据。

$$危害性 = 投诉数量 \times 影响度$$

这样,结合这个新的"2×2矩阵",所有投诉就又被分为四类(四个象限),如图1-5所示。

同时,随之而来的策略也渐渐清晰了。

- **主攻第一象限**:数量大且影响大。第一象限中的客户投诉不仅数量大——占到了整体投诉量的25%,而且单个投诉的负面影响也都很大——要么影响绩效考核,要么损害品牌形象,要么就是舆情风险极高。这个象限中的投诉危害性最大,所以毫无疑问应该是管理者的重点改善之地。

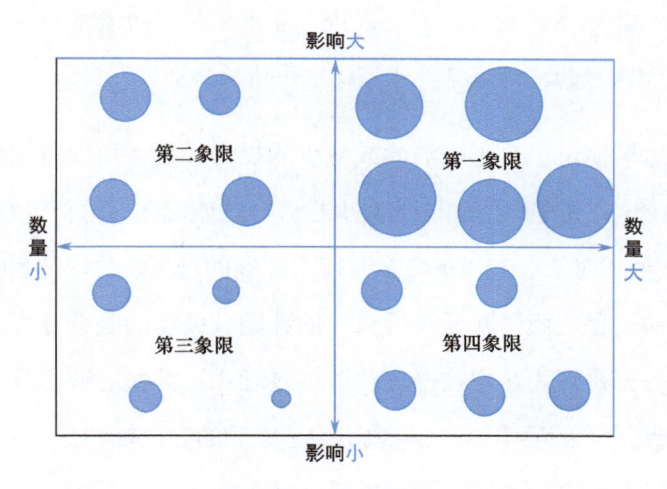

图 1-5　四个新的投拆分类

- **次打第二象限**:数量小但影响大。第二象限中的客户投诉虽然数量不多,看着危害性不大(气泡代表"危害性"),但毕竟单个投诉的负面影响大,所以管理者也应该给予重点关注。

- **备选第四象限**:数量大但影响小。第四象限中的客户投诉数量虽很大,但单个投诉影响很小。因此,如果第一、二象限都处理完了,但"投诉率"的指标依然还没达成,那就关注此象限的问题处理。

- **放弃第三象限**：数量小且影响小。第三象限中的投诉数量很小并且负面影响也小，没空就先别理它了。当然，如果"投诉率"这个指标要求极高，一、二、四象限都弄完了依然达不成，或者，基本不用努力就能把第三象限中的投诉消除掉，那就顺手消灭它们。

如果锁定了要重点消除或减少的投诉类别，那就可以深入思考应该在哪些环节消除或减少投诉，这就又涉及分析流程了。"缩短处理时长"和"提高及时率"课题的分析，关注的是投诉处理的流程。而"降低投诉量"的课题，关注的是业务办理流程——正是因为客户在办理业务的过程中，某些环节出现了状况，或者服务不到位，才导致出现了之后的客户投诉。

如果了解到主要的客户投诉发生在A类业务上，那么，可以拉一条主流程出来，从在线预约，到现场取号、材料预审，一直到业务办结，一个环节一个环节地来梳理，如表1-2所示，找到最容易引起客户投诉的环节及原因，并制定解决方案。

表1-2　主流程分析表

环　　节	在线预约	现场取号	材料预审	……	业务办结
投诉概率					
理想状态					

第 1 章　费力却不讨好，这是怎样发生的

（续表）

环　　节	在线预约	现场取号	材料预审	……	业务办结
主要问题					
可控但未控好的原因					
改善措施					
预防思路					
输入与输出					
责任人					

如果发现很大一部分客户投诉的源头都出现在"材料预审"环节，如：

- 材料预审时没发现问题，而客户又等了很久，可是等到正式办理业务时又说资料准备不足；
- 材料预审发现了问题，本来现场就可以解决，结果让客户回去再继续准备，浪费了客户时间；
- 材料预审发现了问题，但告知不够清晰，客户回去没搞定，又多跑了一两次；
- ……

接下来，再针对"材料预审"环节进行细化分析，规范《材料预审五步法》并制定《A类业务预审查验清单》等交付物，此时，是不是心里就更有底气了？

关于"投诉处理"这个课题，其实我们做了三层解读，这

里再来串一串，如图 1-6 所示。

图 1-6　投诉类课题冰山模型

（冰山图中文字：表层P_2：提高及时率；中间层P_1：缩短处理时长；底层P_0：降低投诉量）

- **表层 P_2，是提高投诉处理的及时率**。客户投诉处理不及时会引起很多客户的强烈抱怨，在 P_2 上的声音通常最大，所以会吸引很多注意力。这就好比一座漂浮在海上的冰山，水面的部分最容易被发现。同时，这一课题的组织价值相对偏低。

- **中间层 P_1 更本质一些，是表层 P_2 背后的问题——缩短处理时长**。如果你只看到了水面以上的那 10%（P_2），而无视水面以下的 90%，那就危险了。其中，紧贴水面但又刚好浸入水面的这部分很容易被忽视，它就是 P_1 缩短处理时长。相较于 P_2 提高及时率来说，P_1 缩短处理时长才是内功,它更能体现我们的投诉处理水平和管理能力(组织价值更高)。如果投诉处理时长在缩短,我们处理投诉的水平就在提升,通常投诉处理及时率(P_2)也会向好。

- **底层 P_0 最为本质,是中间层 P_1 背后的问题——降低投诉量。** 大部分人不亦乐乎地忙于应对水面以上特别显眼的 P_2(提高及时率),少部分人同时研究了若隐若现的 P_1(缩短处理时长),极少数高手才会更为关注深藏水下最为本质的 P_0(降低投诉量)——如果我们在源头上进行控制,则几乎就没有投诉和不满发生,哪里还需要折腾投诉处理及时率和缩短投诉处理时长?所以,这里的 P_0 才是本质问题,对于组织的价值也最高。

不同关注方向对于组织的价值不同,目标设定和分析思路也会有差异,如表 1-3 所示。

表 1-3 不同课题方向的组织价值及解题思路对照表

关注方向	组织价值	目标设定(部分)	分析思路	
			整体思路	流程分析重点
表层 P_2:提高及时率	中/低	3 个月内,将投诉处理及时率由 50% 提升到 85%	1)稳住第一象限:投诉处理刚好及时 2)主攻第三象限:投诉处理刚好不及时 3)借力第四象限:投诉处理很及时 4)慎入第二象限:投诉处理很不及时	投诉处理流程

(续表)

关注方向	组织价值	目标设定（部分）	分析思路 整体思路	分析思路 流程分析重点
中间层 P_1：缩短处理时长	中	3个月内，将投诉处理时长由20个工作日缩短为12个工作日	1）主攻第二象限：不及时且用时多 2）借力第四象限：及时且用时少 3）适当关注一、三象限	投诉处理流程
底层 P_0：降低投诉量	高	3个月内，将投诉量减少40%	1）主攻第一象限：数量大且影响大 2）次打第二象限：数量小但影响大 3）备选第四象限：数量大但影响小 4）放弃第三象限：数量小且影响小	业务办理流程

如果你是骨干员工或基层主管，拿到了"P_2 提高及时率"的结果，那很值得表扬。但作为中层经理，如果只拿到"P_2 提高及时率"的结果，就远远不够了。要知道，组织更需要我们展现出"概念技能"——找到问题背后的问题，同步处理"P_1 缩短处理时长"和"P_0 降低投诉量"。你懂了吗？

在这一章，虽然解读的是"投诉处理及时率"，但如果换成"供电故障抢修及时率"或"BUG 处理及时率"等课题，思路是不是也一样？

在本书后续的章节，将会一起来深入研究，如何探寻问题背后的问题——那个本质的 P_0。

03 等等！一停二看三通过

> 花一秒钟就看透事物本质的人，和花一辈子都看不清的人，注定是截然不同的命运。
>
> 《教父》，马里奥·普佐

你是怎么过马路的？还有印象吗？

当被问到这个问题时，通常我们的眼前立马闪过七个字——一停二看三通过！

- 一停：即使路口是绿灯（绿灯并不代表绝对安全），也要先停下来（停在安全的位置），谋定而后动。
- 二看：观察路面交通情况、红绿灯情况，以及周围的环境，评估是否可以安全通过。
- 三通过：在确保安全又遵守交通规则的前提下，稳步匀速通过，并且过程中还要随时观察周边情况变化，以防突发危险。

没错,就是这么简单的七个字(一停二看三通过),认真遵守,可以大幅降低交通事故发生概率。同时,作为中层管理者,你知道自己每天横穿马路,给自己、给团队、给组织带来了哪些风险吗,以及你知道中层管理者过马路的正确姿势吗?

要回答这两个问题,需要先了解下"问题解决沙漏模型"。

问题解决沙漏模型

"问题解决沙漏模型"因其外形酷似沙漏而得名,这个模型由 P_x、PBP 铁三角和 PAS 铁三角三部分构成,如图 1-7 所示。

- P_x。P_x 为初始问题,这个初始问题指的是被赋予解决问题责任的个人或团队最先接收到的问题。这可能是某些不满或异常,也可能是上司布置的具体任务。这些不满、异常或是任务,可能是本质问题(问题背后的问题 P_0),也可能是表象问题,刚接手时通常不能立即判别,往往需要做进一步澄清。

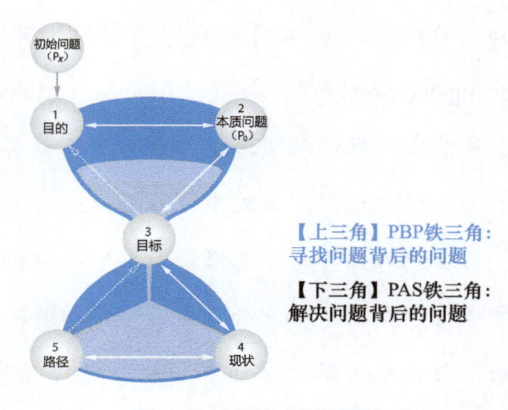

第 1 章　费力却不讨好，这是怎样发生的

图 1-7　问题解决沙漏模型

【上三角】PBP 铁三角：寻找问题背后的问题

【下三角】PAS 铁三角：解决问题背后的问题

- **上三角**：PBP 铁三角。PBP 是"The Problem Behind the Problem"的缩写，意为问题背后的问题。PBP 铁三角能够帮助寻找问题背后的问题，具体由三个要素构成：目的、本质问题（P_0）和目标。

  - ✓ **目的**。目的也叫价值和意义，是组织发起某一课题（问题/任务）的初心。
  - ✓ **P_0**。P_0 即本质问题，也就是一直在追寻的问题背后的问题。
  - ✓ **目标**。未来某时间节点将要达成的状态或结果。

  借由 PBP 铁三角，可以找到问题背后的问题，即本质问题（P_0）。

- **下三角**：PAS 铁三角。PAS 是"Problem Analyzing and

Solving"的缩写，意为问题分析与解决。为什么要用"Analyzing and Solving"而不是"Analysis and Solution"？这是因为前者更强调对问题进行分析及实施解决问题的一系列动态的过程，并且这个过程可能会有多次反复和调整；而后者则偏静态，更强调通过问题分析找到具体解决方案这一结果。PAS铁三角能够帮助解决问题背后的问题，具体也由三个要素构成：目标、现状和路径，其中，目标这个要素与PBP铁三角的共用。

- ✓ **现状**。现状是指当前的状况。
- ✓ **路径**。具体的解决方案便是路径。

借由 PAS 铁三角，可以解决问题背后的问题 P_0。

对于中层管理者来说，概念技能很重要——中层管理者不仅要具备娴熟的解决问题的能力，还要能够敏锐地洞察到问题背后的问题。"问题解决沙漏模型"可以助力中层管理者快思慢行——快速聚焦和分析本质问题，并在行动落地过程中不断调整姿势来达成好结果。这是怎么做到的呢？答案就是：一停二看三通过！

一停二看三通过

以下继续借用"一停二看三通过"来介绍中层管理者过马

路的正确姿势。

- **一停**：无论拿到什么样的挑战、任务、指标或难题（即 P_x），切忌直接开始行动。一定要先停下来，心态放平稳，告诉自己——"慢就是快"。
- **二看**：借助两个铁三角，快速观察并调整姿势。其中，借助上三角——PBP 铁三角，来确定问题背后的问题 [即本质问题（P_0）]；借助下三角——PAS 铁三角，来解决问题背后的问题 P_0。
- **三通过**：落实路径、采取行动的过程中，依然要保持警觉，借助路径优化、指标追踪和交付物迭代来随时调整身姿，以防过程风险，优雅又安全地拿到好结果。

一停二看三通过，是不是很简单？

怎么样，你准备好继续优雅又安全地过马路了吗？

第 2 章

症状 ≠ 疾病

04 你真的理解这些关键词了吗

> 给我一个支点,我可以撬起地球。
>
> 　　　　　　　　　　《论平面图形的平衡》,阿基米德

案例分析:如何提高有效客户数

你所在的区域市场,有效客户数一直不足。作为区域销售总监,你很挠头。于是,你召集团队的 8 个客户经理,一起讨论"如何提高有效客户数"。会上,大家各抒己见,你也充分倾听了大家的心声,最后一起形成了有效客户数提高的四大策略。执行 2 个月下来,有效客户新增了 20%,你很高兴,但又总觉得哪里有点不对:

- 有效客户数是增加了,但好像都是擦边儿进的——刚好够格,但毫不突出;
- 对于公司更有价值的那些有效客户,反而流失了不少;
- 这些新增的有效客户只购买了我司的一款产品/服务,绑定不足;
- ……

> 怎么感觉"有效客户"不够"有效"呢?这是啥情况?

在处理问题或完成任务时,我们特别习惯于想当然。如果我们能够花一点时间来界定关键词,效果可能会大不一样。

在这个课题中,"有效客户(数)"就是关键词。具体要如何来解读关键词,可以借助"关键词立体解读法",即平推、下探和上提,如图 2-1 所示。

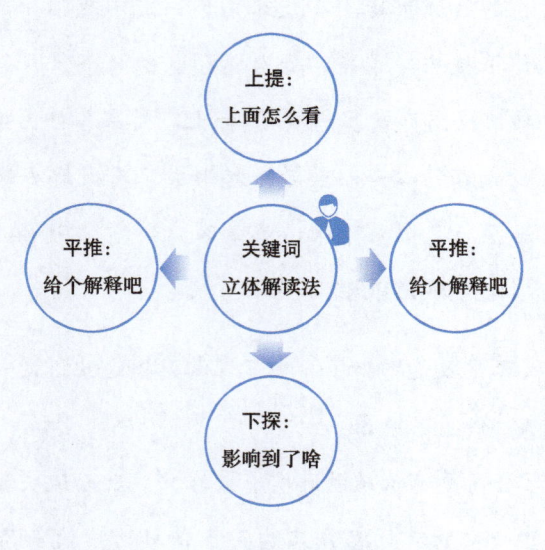

图 2-1 关键词立体解读法

- **平推**:给个解释吧。所谓平推,就是就事论事,直接针对课题描述中的关键词，以及关联的其他关键词确定定义和解释。例如，"如何提高有效客户数"这个课题中的关键词"有效客户（数）"，延展出来的提问就会有：
- ✓ 公司目前是如何界定"有效客户"的？
- ✓ （接上）这与友商的定义有何相似之处及本质区别？
- ✓ "有效客户"是否有进行进一步的分层或分类？
- ✓ （接上）若有分层或分类，现在的具体表现又是怎样的？（如比例和贡献等）
- ✓ "有效客户"之外的客户如何称呼？是叫"无效客户"吗？
- ✓ （接上）"无效客户"真的无效吗？

据此，可以获得这个关键词的现阶段定义，以及部分细节。

- **下探：影响到了啥？** 所谓下探，就是下沉到工作场景，来看和这个关键词有关的相关方都有哪些，以及这如何影响到了业务。例如：
  - ✓ 有哪些内外部的相关方会影响到"有效客户数"的多寡？他们现在的表现如何？
  - ✓ 对于"有效客户数"的多寡，哪些内外部的相关方会深受其（正向或负向）影响？现在的实际影响情况是什么？

- ✓ "有效客户数不足"直接影响到了我(我们)工作的哪些方面?间接又影响了我(我们)工作的哪些方面?
- ✓ (接上)具体表现是什么?

据此,得以下探到工作场景,了解相关方情况,并感知这一关键词对于业务的影响。

- **上提**:上面怎么看?所谓上提,就是跳出这个课题再来看课题,具体可以从三个维度来思考:上层是什么?未来怎么变?领导怎么想?
  - ✓ 上层是什么。"上层"这个概念,对于有些课题来说存在,对于有些课题来说又不存在,这个要具体情况具体分析。"上层"指的是比这个关键词更系统、更重要,或者更本质的另一个关键词,提到更上一层来看关键词,避免"一叶障目不见泰山"。

  例如:
  - ➢ "投诉处理及时率"这个关键词的上层是"投诉处理时长"(甚至"投诉处理量"),因为相比"投诉处理及时率"来说,"投诉处理时长"更本质,更能看出组织的内功。
  - ➢ "O2O 覆盖率"这个关键词的上层是"O2O 有效覆盖",因为"O2O 有效覆盖"不仅是覆盖率的多少，也涉及覆盖得是否足够给力（要能"打粮食"）。

- ➢ "偏差报告完整性"这个关键词的上层是"偏差次数"。虽然偏差报告是否完整很重要，这直接影响到偏差报告是否能通过。但对药厂来说，减少"偏差次数"更重要，能不出现偏差当然最好。

- ➢ 回到"如何提高有效客户数"这个课题上来，"有效客户（数）"这个关键词的上层是"有效客户管理"，因为"有效客户管理"这个概念更大，也更系统，"有效客户管理"包含的不仅是"有效客户（数）"，至少还涉及"单个有效客户贡献值"。

✓ 未来怎么变。未来是现在的延续，更是现在的指引。有些事情现在想不清楚，拉到未来视角可能会更明朗。关于未来视角，我们可以思考：

- ➢ 未来的业务和工作会有什么变化？
- ➢ 从未来（业务）视角来看这些关键词和课题，又会有什么不同？

✓ 领导怎么想。领导站在更高的位置，往往会获取更多的资讯和资源，切换到领导视角，可以思考：

- ➢ 更高的领导是怎么看关键词和课题的？
- ➢ 他们的关注点是什么？

据此，可以上提到更高视角来更系统和全面地看待课题。具体的解读及提问，如表 2-1 所示。

表 2-1 关键词立体解读法提问参考表

解读维度	提问维度	提问参考
平推：给个解释吧	• 定义是什么 • 关联词怎么说	• 这个关键词的定义是什么 • 由这个关键词，又会关联到哪个（些）关键词 • 这些关键词之间的关系是什么
下探：影响到了啥	• 相关方都有谁 • 影响到了啥（业务） • 具体表现是什么	• 有哪些内外部的相关方会影响到这个关键词？他们现在的表现如何 • 有哪些内外部的相关方会深受其（正向或负向）影响？现在的实际影响情况是什么 • 这个关键词直接影响到了我（我们）工作的哪些方面？间接又影响了我（我们）工作的哪些方面？具体表现是什么
上提：上面怎么看	• 上层是什么 • 未来怎么变 • 领导怎么想	• 比这个关键词更高的词是什么？它们之间的区别和联系是什么 • 未来的业务和工作会有什么变化？从未来（业务）视角来看这些关键词和课题，又会有什么不同 • 更高的领导是怎么看关键词和课题的？他们的关注点是什么

经过平推、下探和上提，借助"关键词立体解读法"来解读关键词，最终大家达成了如下共识：

• "有效客户"的定义已不合时宜。去年开始，公司的业务发生了较大变化，而现在还在沿用 3 年前对"有效客户"

的定义，导致很多符合"有效客户"标准的客户其实对公司价值并不大，甚至有些"鸡肋"。
- 公司不仅关注"有效客户数"，也关注"单个有效客户贡献值"。二者的乘积"有效客户的营收"，才应该是重点。

有效客户的营收 = 有效客户数 × 单个有效客户贡献值

- 公司不仅关注目前阶段的"单个有效客户贡献值"，也关注未来 1～3 年的"单个有效客户贡献值"。而一味追求拉高目前阶段"单个有效客户贡献值"反而会对未来的增长埋下隐患，所以，"寅吃卯粮"的增长不值得提倡。
- ……

怎么样？经过对关键词进行立体解读后，初始问题（P_x）是不是有点摇摇欲坠了？是不是内心没那么笃定研究"如何提高有效客户数"了？有这样的纠结，就对了！这说明距离本质问题（P_0）更近了一步。

案例分析：如何提高智慧园区解决方案的客户价值

来，再来看一个案例，加深下印象。经过多年发展，C 公司已成为国内极少数具备数字化转型全栈核心能力的企业之一，旗下拥有大数据与人工智能、基础软件（操作系统、数据库、CAD)、卫星互联网等自主可控核心技术产品，同时拥有物联网、云/边缘计算等信息技术及解决方案，已为政务、能源、运营商、金融、交通等领域近1000家大型政企客户提供数字化转型服务。

近年来，公司业务发展迅速，后备干部储备严重不足。2023年，公司启动了中层干部"远航计划"，旨在通过6个月的学习，提升大家的管理水平，并解决几个重要且紧急的实际业务课题，课题之一是"如何提高智慧园区解决方案的客户价值"。

起初，团队成员对于这个课题一筹莫展，不知如何下手。之后，借助"关键词立体解读法"来针对关键词进行了快速提问，整理后的提问如下。

- 什么叫智慧园区？【平推】
- 主要指的是哪些智慧园区？有优先级别吗？【平推】
- （接上）为什么会这样划定？更恰当的划定标准应该是什么？【平推】
- 与智慧园区相对应的（业务），还有哪些？【平推】
- （接上）它们之间的区别与联系是什么？【平推】
- 什么叫解决方案？【平推】

- 解决方案具体包括哪些部分/内容？【平推】
- 什么叫客户价值？出现什么结果就表示客户价值得以有效彰显了？【平推】
- （接上）我们现在的主要差距是什么？为什么会有这样的差距？【平推】
- 与"解决方案客户价值"相关的关键词还有哪些？它们之间是什么关系？【平推】
- 目前"智慧园区解决方案的客户价值"彰显得不够的主要表现有哪些？为什么会这样？【下探】
- （接上）这影响到了什么？【下探】
- 有哪些部门和岗位对于这个课题能否做好至关重要？他们的态度如何？【下探】
- 这个课题是否做好对内部的哪些部门和岗位会有很大影响？目前他们的态度如何？【下探】
- 这个课题是否做好对外部客户会有什么影响？他们的痛点是什么？【下探】
- 公司（领导）为何要选择"智慧园区"作为切入点？公司（领导）为何要提"解决方案的客户价值"？他们的考量是什么？【上提】
- 在未来的业务版图中，智慧园区将会占有怎样的比重？

> "解决方案的客户价值"又意味着什么?【上提】
> - 比"解决方案的客户价值"更上层的概念/关键词有哪些?它们之间的关系与区别是什么?【上提】
> - ……
>
> 怎么样?经过对关键词进行立体解读后,对初始问题(P_x)——"如何提高智慧园区解决方案的客户价值"的理解是不是更深了一层?至此,距离本质问题(P_0)更近了一步。

解读完关键词,你会对初始问题(P_x)有更多的理解了,现在你已经拿到了入场券,可以启动进入"上三角:PBP 铁三角"(PBP 是"The Problem Behind the Problem"的缩写,意为问题背后的问题)的程序了。下一节,我们先来拉起,探寻至关重要的"目的"。

05 别急！要先拉起，才能放下

> 我们已经走得太远，以至于忘记了为什么而出发。
>
> 《先知》，纪伯伦

"We already walked too far, down to we had forgotten why embarked."

纪伯伦是阿拉伯文学的主要奠基人，被称为"黎巴嫩文坛骄子"。他的诗《先知》中有这样一句话，翻译过来就是：

"我们已经走得太远，以至于忘记了为什么而出发。"

研究课题、推进任务或解决问题，永远不能忘记为了什么而出发。这个"什么"，就是目的，也叫价值和意义，以及初心。在探寻目的（也就是"初心"）时，要注意从"自我视角"跳出，拉起来用"上帝视角"观察，具体落在这三个关键词（三拉）上：拉高、拉远、拉全。

- 拉高是说，我们要站在比我们高两级的视角，来思考价值。
- 拉远是说，不能只是站在现在，更要站在未来，来看这个事儿的价值和意义。

- 拉全是说，目的不止1个，通常要挖掘出4～5个。

这是目的，用上帝视角来拉高、拉远、拉全。

案例分析：如何降低软件变更人力投入

以下来看一个关于变更的案例。

D公司是国际领先的移动出行科技公司之一，深度聚焦于智能座舱、智能驾驶和网联服务三大领域的高效融合，持续开发高度集成的智能硬件和领先的软件算法，为全球客户提供安全、舒适、高效的移动出行整体解决方案和服务。

最近几年，公司高速发展，年均业务增长超过40%，这对经营管理带来了众多挑战。于是公司为中基层管理者量身定做了培养方案，其中非常重要的一部分就是大家要组成团队研究真实业务课题，边干边学、边学边干，最终实现业务发展与能力提升共舞。2020—2023年，D公司共有1000余名中基层管理者系统受训，研讨了超过130个真实课题，年化创利4亿元人民币。

在众多课题中，有一个名为"如何降低软件变更人力投入"的课题。前期,大家已经借助"关键词立体解读法"针对关键词"软件"、"变更"和"人力投入"及关联词进行了发问和讨论,并且团队达成了几点重要共识。

- 第一,比"软件变更人力投入"更上层的关键词是"软件变更管理","软件变更人力投入"、"软件变更时长"和"软件变更及时率"等关键词都属于"软件变更管理"的一部分。
- 第二,变更的痛点,至少主要体现在以下几个方面。
  - ✓ 变更次数多。过往3年变更次数直线上升,从原来的每年200次,猛增到现在的每月近百次。
  - ✓ 变更识别晚。通常到了M3.3、M3甚至M4才发现需要变更,变更压力大、成本高、风险高。
  - ✓ 变更不规范。虽然有公司级的变更指引,但由于业务形态变化很快,这份指引对于目前的变更帮助不大。各个小团队都有自己的变更套路和打法,各有优劣但缺乏系统性的规范。
  - ✓ 变更周期长。特别简单的变更1～3天就能完成,复杂一些的变更1个月很正常,甚至有变更会长于3个月。
  - ✓ 变更人力高。花在变更上的工作量已占到部门总工作量的 38%，加班逼近极限但仍然有大量的延迟。
- ✓ 变更不彻底。由于变更数量大、团队成员经验又相对不足，变更不彻底时有发生，导致很多客户抱怨、投诉和索赔，甚至影响到了一些新项目的获取。
- ✓ ……

• 第三，关于"软件变更管理"应该做到什么程度，目前大家尚未达成一致意见。

此时，虽然尚不能确定本质问题（P_0）应该是什么，但通过针对关键词进行解读，至少针对初始问题（P_x）"如何降低软件变更人力投入"的理解更深了。至此，可以顺势来探寻"上三角：PBP 铁三角"中的重要元素"目的"了。

通过"三拉"（拉高、拉远、拉全）来拉起，我们初步探寻到"如何降低软件变更人力投入"这一课题的目的——两提两降一探索。

- 目的之一：提满意度。变更可能会带来一系列的联动问题，如导致客户抱怨，以及满意度降低。如果变更管理做好了，让客户更放心，那么满意度不仅不会下降，可能还会提升。长远来说，对于客户持续复购也会产生积极促进。

- 目的之二：提竞争力。当变更管理做好了时，整体的经营管理水平在上升，这也将助力行业竞争力的提升。

- 目的之三：降风险。有些变更如果不够彻底，或者变更后的风险没有清晰识别出来，产品/服务随着整车流向市场，一旦出现问题（甚至事故），后果可能会非常严重。

- 目的之四：降成本。过去3年业务量增长150%，变更数量增长600%，平均变更时长增加220%，部门花在变更上的工作量已占到总工作量的38%，大量的人力和物力耗了进去，已给公司带来了很大的成本压力，亟须降本。

- 目的之五：探模式。公司更希望借此机会将变更管理标准化、流程化、规范化，并探索出符合本公司实际情况的变更管理新模式。

以上这五个目的，是公司之所以要团队研究某一课题初始问题（P_x）的价值与初心。也就是说，公司发起这个课题，就是希望团队在未来的3~4个月内能够采取行动（路径）来助力这五个目的的实现。通过三个拉起（目的），我们得以站在上帝视角审视课题初始问题（P_x），并为后续的放下[本质问题（P_0）]做好准备。

案例分析：如何提高智慧园区解决方案的客户价值

以下再来看看C公司"如何提高智慧园区解决方案的客户价值"这个课题，加深下印象。之前，团队已经借助"关键词立体解读法"来针对关键词进行了快速提问和交流，达成了如下共识。

- 第一，传统业务遇到瓶颈，三年规划目标达成堪忧。政策红利期已过，传统业务迎来守势，总营收增长缓慢，三年规划要实现困难重重。

- 第二，智慧园区业务生机勃勃，但我们进展缓慢。智慧园区市场足够大，且需求源源不断，华为、阿里和运营商等先入者已取得了一定的成功。我司两年前开始着手布局，但是目前业务进展缓慢。

- 第三，智慧园区已有合作客户，但项目认可度低。已有3个智慧园区项目在交付阶段，但交付效率和质量都堪忧，引起了客户的多次抱怨。交付阶段暴露出来的这些问题，很多都指向了售前阶段——对需求理解不足、对技术储备不够、对交付风险预估不够。

- 第四，智慧园区商机支撑投入大，但效率低下。各种类型、各种客户的智慧园区都在支撑，资源不集中且方案缺乏针对性（不同场景、不同对象的不同需求，都用一个解决方案来支撑，实际商机支撑交付物内容匹配率不到30%），导致商机转化率不到10%，售前支撑效率极低。

通过对关键词进行立体解读，我们了解到了更多信息。之后，团队跳出"如何提高智慧园区解决方案的客户价值"初始问题（P_x）的视角，尝试站在上帝视角，总结提炼出了这一课题的几个目的。

- **目的之一：开赛道**。公司制定了百亿的战略目标，而传统业务增长乏力，亟须快速开拓"智慧园区"这一新赛道（未来要成为公司主赛道），促进公司营业收入增长，保驾护航公司至少未来五年的发展。

- **目的之二：立标杆**。现在市场竞争比较激烈，C公司作为相对来说比较晚进入的玩家，亟须有影响力的客户案例，来助力市场成功。

- **目的之三：促协同**。无论是拿单的效率和成本，还是交付的质量和交期，普遍都很有提升空间。而追溯源头，主要都是在售前阶段不得要领（不知道要协同什么、不知道需要谁来协同、不知道需要借助什么来协同、不知道做到什么程度叫协同到位了），希望通过这个课题研究，能够梳理清楚售前脉络，促进渠道、市场、售前和交付等部门的有效协同，进而提高商机有效性和转化率。

- **目的之四：育人才**。借这个机会，能够培育一些专业人才，为未来的大规模业务开拓培育和储备更多人才和能量。
- **目的之五：探模式**。要能探索出符合 C 公司实际情况的"智慧城市"业务快速拓展新模式，并沉淀出可复制的方法论。

同上个案例，以上这几个目的，是公司之所以要团队研究"如何提高智慧园区解决方案的客户价值"这一课题（P_x）的价值与初心。也就是说，公司发起这个课题，就是希望团队未来的 3~4 个月能够采取行动（路径）来助力这五个目的的实现。通过拉起（目的），我们得以站在上帝视角审视课题（P_x），并为后续的放下 [本质问题（P_0）] 做好准备。

至此，你是不是对目的有了更深入的了解，但同时也产生了新的困惑？

- **常见困惑一：我只是中层，拉起（目的）到上帝视角，有必要吗？**

无论你是中层还是基层，都有必要跳出初始问题（P_x），因为初始问题（P_x）可能是本质问题，也可能不是本质问题，而在拉起之前，其实不能完全判别。拉起到上帝视角，是让我们有机会抽离——抽离束缚我们的现有职责、权限、经验和假设，从更系统的视角来审视提出初始问题（P_x）的背景与组织需求，从而为找到本质问题（P_0）做好准备。

- **常见困惑二：拉起之后有这么多（目的），都要实现吗？**

拉起后的目的通常比较大，甚至有些务虚，这是正常的（因为刻意做了拉高、拉远和拉全）。这些目的不需要全部实现（也无法全部实现），对于大部分目的来说，我们做这个课题只要能助力就可以了。同时，也有一部分目的会继续下沉为目标，这一部分就必须得以实现了。

- **常见困惑三：能不能跳过关键词直接拉起（目的）？**

在拉起目的之前，我们为什么要先解读关键词？很重要的原因是，我们要通过关键词的解读来了解更进一步的背景信息，从而抽丝剥茧来挖掘组织需求，也就是这个目的。如果缺失了关键词解读这一环节，一方面，我们对于背景信息了解得可能很不够，从而无法正确全面地了解组织需求（目的）；另一方面，解读关键词也是团队共享信息和观点的过程，缺失了这一部分，可能会让界定问题及后续的解决问题变得举步维艰。

- **常见困惑四：拉起后的目的，就不会再变了吗？**

目的、本质问题（P_0）及目标这三者是联动的，牵一发而动全身。也就是说，当本质问题（P_0）和目标任何一个产生变化时，目的也要跟着调整。在目前这个阶段［从初始问题（P_x）到目的］产生的目的，是从对关键词进行立体解读并进一步提炼而来的，只能说方向大致正确，后续再往本质问题（P_0）和目标探寻的过程中，可能随时要跟着反向调整目的，以使目的、本质问题（P_0）和目标这三者保持一致。

拉起（目的）是为了放下［探寻本质问题（P_0）］，那究竟要怎么放下呢？

第 2 章　症状≠疾病

06　放下，谈何容易

> 这个问题的关键，是要找到关键问题。
> 　　　　电影《年会不能停》，人事专员胡建林（大鹏饰演）

"发烧了？"医生问病人。

"嗯，我感冒了。"病人答道。

"等等，你是说你确定自己得了感冒？"医生不解地问。

"感冒就可能会发烧，我发烧了，所以我感冒了，这有问题吗？"病人自信地答。

"哦，这样子啊。其实，症状不等于疾病……（此处省去3000字）。"医生耐心地解释。

什么是症状？什么又是疾病

症状≠疾病

症状是指患者主观感受到的异常感觉、现象或表现，是疾病或异常情况的主要体现。这些感觉、现象或表现通常是由于身体内部的某些异常或病变所引起的。症状可以是身体上的，如发热、疼痛、咳嗽、呕吐等；也可以是心理上的，如情绪波动、忧郁、焦虑等。

而疾病则是一个更广泛的概念，它是指人体在一定病因作用下，因自稳调节紊乱而发生的异常生命活动过程。疾病的临床表现包括各种症状（和体征），这些症状（和体征）是医生进行诊断和鉴别诊断的重要依据。

因此，症状和疾病在医学中有着不同的定义和用途。症状是疾病的一种表现，而疾病则是引起这些症状的根本原因。医生需要通过了解患者的症状，来进行疾病的诊断和治疗。

"发烧"是一种症状，而引起这一症状的疾病可能是"感冒"，也可能是"肺炎"（由细菌、病毒或其他病原体引起的肺部感染，可能导致高热、咳嗽、呼吸困难等症状。）出现"疟疾"（由疟原虫引起的寄生虫病，通常表现为周期性发热、寒战、头痛等症状），也可能是因为有了"恶性肿瘤"（某些恶性肿瘤，如白血病、淋巴瘤等，也可能导致发热症状）。单凭"发烧"这一症状直接确定自己得了感冒，未免太武断，也太危险了。

第 2 章 症状≠疾病

回到工作场景中,刚开始输入的初始问题(P_x),可能是我们觉察到的一些不满,或者发现的一些异常现象,也可能是接到了上司布置的一个具体任务。这些不满、异常或任务,可能只是症状(不是疾病),结合这些症状,我们做了关键词解读及目的拉起,现在,终于到了可以诊断是什么疾病[本质问题(P_0)]的时候了。

问题是,要怎么诊断呢?具体可以借助"三个灵魂之问"来完成。

- 灵魂之问一:这些目的拉起足够了吗?目的要拉起(拉高、拉远、拉全),我们已经拉起了,但是否已经足够?如果不足够,需要立即补充完善。

- 灵魂之问二:为了助力达到这些目的,一定要研究初始问题(P_x)吗?结合这些目的,来思考初始问题(P_x)的恰当性——通过继续研究初始问题(P_x),能对达到这些目的有多大助力。如果助力不够大,那似乎它就不是我们要找的本质问题(P_0)。

- 灵魂之问三:我们最应该做的[本质问题(P_0)]是什么?这里,又会涉及几个评价标准:能助目的、能消痛点、重要紧迫、职权之内、风险适度。

  ✓ 能助目的。拉起(目的)是为了放下[落到本质问题

055

（P_0）］，所以，放下的这个本质问题（P_0）要能够有力地助力达到这些目的。这一点做不到，重新聚焦的课题就不够本质。

- ✓ **能消痛点**。通过做这个课题，能够消除由关键词及关联词引发的那些（业务）痛点，或者让这些痛点没有那么痛。

注：要尽量避免做大而空的管理课题，如"如何提升执行力""如何打造高效团队""如何做好跨部门协作"，这些课题是很重要，但大概率都会做虚。

- ✓ **重要紧迫**。
  - ➢ 这个课题要足够重要——站在组织角度来看，也很值得我们花这么多的时间来研究。如果某个课题也重要，但有另外的课题对组织来说价值更高，二选一的时候，如果其他标准符合度一样，那要优选更重要的这个课题。
  - ➢ 这个课题也要足够紧迫——如果下半年做和上半年做没有本质区别，明年做和今年做也没有啥不同，那就还是换一个其他课题吧。
- ✓ **职权之内**。课题是人做的，你分析得再明白、解决方案再靠谱，但都是领导或领导的领导的课题才能动，多半意义不大。所以，研究的课题还是要在自己的职权之内（或虽不在自己职权范围内，却获得了有完全职权范围的更高层次领导的授权）。
- ✓ **风险适度**。一般说来，我们希望这个 P_0 的风险性是可以接受的，如果风险性太高（而动机激发又不足），则课题很难成功。当然，我们也要知道，那些对于组织来说不得不做且不得不立即做的课题，我们也别无选择（如某些迫在眉睫的变革类课题）。

案例分析：如何降低员工流失率

B公司是香港和深圳上市公司，营业额和总市值均超过千亿元。其业务布局涵盖电子、汽车、新能源和轨道交通等领域，并在这些领域发挥着举足轻重的作用，从能源的获取、存储，再到应用，全方位构建零排放的新能源整体解决方案。经过20多年的高速发展，B公司现已在全球设立30多个工业园，实现全球六大洲的战略布局。

2019年，来自B公司各个板块的近500名中高管组成50多个团队研讨真实重要的课题，其中汽车板块某小组研讨的课题为"如何降低员工流失率"。经过对关键词进行立体解读后，大家立即发现应该优先聚焦在高级工程师身上，因为：

- 流失率居高不下。自主品牌汽车快速发展，市场上高级工程师的需求缺口很大，很多竞争对手会用双倍工资来本司挖人，导致这两年的高级工程师流失率一直在35%~45%高位徘徊。
- 技术外流风险大。公司这几年在市场上的知名度稳步快速提升，成为很多友商的研究（模仿）对象。高级工程师这么重要的群体、这样高的流失率，会加大核心技术外流的风险。
- 外招几乎无可能。这些年来，我司为行业培养了大量的人才（当然也包括高级工程师），俨然成为造车行业的"黄埔军校"，大家都习惯于来我司高薪挖人，我们能外招到合适高级工程师的概率很小，只能自己培养。
- 培养难度大、周期长。高级工程师需要熟练掌握多种专业技能才能胜任工作，培养难度大，而且周期很长（通常至少需要3年）。
- 严重影响新车交付。目前因为高级工程师缺口大，多款新车研发进度严重受阻——甚至公司准备明年上市的某战略车型也深受其害，对此，高层很着急。

结合这些重要信息，团队成员进一步拉起，提炼出了公司发起这个课题的几个初心，也就是目的。

- 目的之一：降低高级工程师大量流失带来的负面影响。
- 目的之二：降低公司对于高级工程师的依赖度。
- 目的之三：助力新车按时、高质、高效交付。

第一稿目的出来了，我们接下来要尝试放下——找到本质问题（P_0）。具体就要借助"三个灵魂之问"来完成。

- 灵魂之问一：这些目的拉起足够了吗？乍一看，这三点目的很好。仔细一想，似乎还可以补充第四点目的："探索高级工程师培育新模式"——公司不也是希望通过这个课题研究能在人才培训上跑出一条新道路吗？这样，目的就差不多齐全了。
  - ✓ 目的之一：降低高级工程师大量流失带来的负面影响。
  - ✓ 目的之二：降低公司对于高级工程师的依赖度。
  - ✓ 目的之三：助力新车按时、高质、高效交付。
  - ✓ 目的之四：探索高级工程师培育新模式。

- 灵魂之问二：为了助力达到这些目的，一定要研究初始问题（P_x）吗？显然，我们已经聚焦到了高级工程师这一特定群体，再继续研究初始问题（P_x）"如何降低员工流失率"已不合适，所以，"如何降低员工流失率"并非我们要找的本质问题（P_0）。

- 灵魂之问三：我们最应该做的[本质问题（P_0）]是什么？摆在大家面前的可能选项，是以下几个。
  - ✓ 选项一：如何降低高级工程师流失率？尽管将关注点从"员工流失率"缩小到"高级工程师流失率"看似更为聚焦，但也直接把我们带进了死胡同——友商双倍工资挖角直接导致了高级工程师流失率居高不下，而我们又根本无法给这些高级工程师大幅加薪，以免成本大幅上升并导致其他级别工程师也变得不稳定[这个潜在的本质问题（P_0）与"风险适度"这一标准不匹配]。鉴于此，首先排除了这一选项。
  - ✓ 选项二：如何确保新车按时、高质、高效交付？我们为什么特别在意高级工程师的流失率？或者说，高级工程师流失率高怎么了吗？归根结底，还不是因为这极大地影响到了新车的交付？所以，如果我们把课题聚焦在"如何确保新车按时、高质、高效交付"是不是更为本质？确实，这样的话，这个课题更为本质，但现有团队显然搞不定这个大项目所涉及的资金、机制、技术和人才等内容[这个潜在的本质问题（P_0）与"职权之内"和"风险适度"这两个标准不匹配]。所以，选项二也不得不放弃。

> ✓ **选项三：如何降低对于高级工程师的依赖度？** 从组织层面来说，降低对于某些人员的依赖度是必须要考量的。但在实操层面，我们还真得特别注意，因为一不小心就可能搞到满盘皆输——当任何群体听到公司要降低对自己的依赖度时，都会丧失对公司的信任，甚至引起严重动荡，这与我们追求的"风险适度"标准相违背，所以，经过审慎评估后，我们判断这个聚焦方向也不合适。
>
> ✓ **选项四：如何缩短高级工程师的培养周期？** 短时间内流失率降不下来已成定局，大张旗鼓地研究降低对于高级工程师的依赖度也不恰当，这可怎么办？其实，高级工程师的供需失衡是导致当前困境的主因之一。因此，如果我们可以快速培养高级工程师，将能够有效缓解内部新车研发进度滞后的情况。随着公司造血能力的不断增强，友商也不再愿意花双倍工资来挖人，从而高级工程师的稳定性问题也将得以解决。同时，团队成员刚好也是来自研发、制造和人力的中高层管理人员，职责权限上也很匹配。

于是，团队综合考量后，决定将"如何降低员工流失率"

的初始问题（P_x），放下为"如何缩短高级工程师的培养周期"[本质问题（P_0）]，就非常符合这几个评价标准了：能助目的、能消痛点、重要紧迫、职权之内、风险适度，具体如表 2-2 所示。

表 2-2　待选本质问题（P_0）评价表（如何降低员工流失率）

待选本质问题 P_0	本质问题（P_0）评价标准					
	能助目的	能消痛点	重要紧迫	职权之内	风险适度
选项一：如何降低高级工程师流失率	✓	✓	✓	✓	×
选项二：如何确保新车按时、高质、高效交付	✓	✓	✓	×	×
选项三：如何降低对于高级工程师的依赖度	✓	✓	✓	✓	×
选项四：如何缩短高级工程师的培养周期	✓	✓	✓	✓	✓

怎么样，能跟上思路吗？

流失率的课题走到这，大家常见的困惑可能有三个，我们一起来看看。

- **常见困惑一：从"降低流失率"变为"缩短培养周期"，是否偏离了核心？** 从"降低流失率"变为"缩短培养周期"不仅没有偏离核心，反而抓住了核心！我们通常习惯于把最先接触到的问题（如"降低流失率"）当成最重要、紧迫的问题，但实际情况往往并非如此。在这个案例里，我们通过深入研究，挖出了表象问题"降低流失率"背后的价值和意义，也就是目的（本案例中的主要目的其实是助力研发按时、高质、高效交车），再结合团队实际情况聚焦在"缩短高级工程师的培养周期"上，抓住了问题的本质，非常好！

- **常见困惑二：高级工程师流失率居高不下，我们是否需要采取一些措施？** 当然需要！尽管我们知道高级工程师流失率居高不下的主要原因是友商双倍工资挖人，且我们暂时无法大幅提高所有高级工程师的工资，但这并不意味着我们不能对流失率本身采取任何措施。
  - ✓ 首先，对于那些特别核心的人员，工资待遇还是要适当增加，有他们坐镇，基本盘就不会乱。
  - ✓ 其次，在公司层面提高对于高级工程师这个群体的关注度和重视度，如优化晋升通道、降低工作强度和强化人文关怀等。这些措施的采取，对于流失率的控制本身也会有一定帮助。
  - ✓ 最后，如何借助流程和系统的升级改造等手段来降低对于这一群体的依赖度，也应该快速提上日程。

- **常见困惑三：流失率的课题是否总要如此折腾？** 当然不是！

- ✓ 如果你所在的组织，各个部门的流失率都偏高，那可能是行业必须要面临的共性挑战，也可能是企业文化、薪酬福利、职业发展等方面存在不足，这时我们可以直接研究"流失率"这个课题，但同时需要深入挖掘导致高流失率背后的原因，并制定相应的改善措施。

- ✓ 如果你所在的组织，由于各部门支撑很不到位，导致售前岗的同事寸步难行、压力巨大，进而造成人员流失严重，并对顺利拿单造成了很多阻碍，那么，我们可以研究"如何降低售前岗位的流失率"，也可以研究"如何提升售前支撑能力"，还可能会研究"如何通过跨部门协作提升中标率"。

- ✓ 如果你所在的组织，主要是新导购员由于没人带而成长缓慢，由于压力巨大而流失严重，那我们需要研究的可能是"如何降低新导购员流失率"，或者"如何缩短新导购员胜任周期"。

- ✓ 如果你所在的组织，高流失率主要发生在物流部，并且主要原因是搬运量大且工伤风险高，那考虑研究"如何加快推进 AGV 小车覆盖"这个课题，可能更为恰当。

第 2 章 症状≠疾病

案例分析：如何降低软件变更人力投入

以下再来看看 D 公司"如何降低软件变更人力投入"这一课题。前期，大家已经借助"关键词立体解读法"针对关键词"软件"、"变更"和"人力投入"及关联词进行了解读，并且经过三拉拉起了五大目的。

- 目的之一：提满意度。
- 目的之二：提竞争力。
- 目的之三：降风险。
- 目的之四：降成本。
- 目的之五：探模式。

第一稿目的出来了，接下来要放下找到本质问题（P$_0$）。具体就要借助"三个灵魂之问"来完成。

- 灵魂之问一：这些目的拉起足够了吗？关于这一点，团队经过深思熟虑，发现还需要再补充一点：提升变更预警能力，即能够尽早识别出来后续可能的变更并提早进行干预。于是，迭代后的目的变为六个——"三提两降一探索"。

  ✓ 目的之一：提能力（提升变更预警能力）。

- ✓ 目的之二：提满意度。
- ✓ 目的之三：提竞争力。
- ✓ 目的之四：降风险。
- ✓ 目的之五：降成本。
- ✓ 目的之六：探模式。

- 灵魂之问二：为了助力达到这些目的，一定要研究初始问题（P_x）吗？显然，通过继续研究初始问题（P_x）"如何降低软件变更人力投入"，对六大目的的助力已经不够了（至少在目的一、二、三、四、六的助力上不足），所以，"如何降低软件变更人力投入"并非我们要找的本质问题（P_0）。

- 灵魂之问三：我们最应该做的［本质问题（P_0）］是什么？摆在大家面前的可能选项，是以下几个。
  - ✓ 选项一：如何提高软件变更人效？落在人效上，对于控制成本和准交（甚至是提高客户满意度）都会有帮助，但对于风险管控和源头控制变更，有所欠缺［这个潜在的本质问题（P_0）在"能助目的"和"能消痛点"这两个标准上的匹配度不足］，似乎不太合适。
  - ✓ 选项二：如何降低软件变更成本？变更成本不仅包括变更人力成本，还涉及测试成本、晚交付带来的机会成本,以及后续的追踪成本等,落在变更成本上,是更近了一步,但组织提出这个课题的痛点似乎并不只是成本[这个潜在的本质问题(P_0)在"能助目的"和"能消痛点"这两个标准上的匹配度不足]。

✓ **选项三:如何降低软件变更造成的风险?** 组织很关注风险,当有些变更做得不够到位,引起客户投诉甚至是事故时,那就不仅是索赔的问题,公司形象也可能会严重受损。但只是降低了风险,但内部管理依然不能大上台阶、成本依然居高不下、变更依然总超期[这个潜在的本质问题(P_0)在"能助目的"和"能消痛点"这两个标准上的匹配度不足],这也不是组织想看到的结果。

✓ **选项四:如何减少变更次数?** 降量当然重要,也更本质,如果量降了,会极大减小组织压力。但同时看回来,整个流程很长,降量需要在前置流程上多下功夫,本组的团队成员职责权限并不匹配[这个潜在的本质问题(P_0)违背了应该在"职权之内"的标准],并且眼前已经发生或即将要进行的变更,不能不管,而且要赶快管并管好。

✓ **选项五:如何提早识别并有序高效变更?** 提早识别

就可以更从容应对；有序变更能让我们处变不惊、有条不紊；高效变更能降低成本、缩短周期。嗯，这个课题看起来不错。

✓ 选项六：如何做好软件变更管理？"软件变更管理"包含的内容更全面和系统，管理的对象至少包括质量、时间、成本和风险，做这个课题，从"重要紧迫"的角度来看无疑是最好的，但是考虑到团队成员的构成，确实力不从心［这个潜在的本质问题（P_0）在"职权之内"和"风险适度"这两个标准上的匹配度不足］，所以，并不合适。

借助"三个灵魂之问"，最终，团队确定选择更符合"五大标准"的"选项五：如何提早识别并有序高效变更？"来作为本质问题（P_0），具体如表2-3所示。

表2-3 待选本质问题（P_0）评价表（如何降低软件变更人力投入）

待选本质问题（P_0）	本质问题（P_0）评价标准				
	能助目的	能消痛点	重要紧迫	职权之内	风险适度
选项一：如何提高软件变更人效	×	×	√	√	√
选项二：如何降低软件变更成本	×	×	√	√	√
选项三：如何降低软件变更造成的风险	×	×	√	√	√

第 2 章 症状≠疾病

(续表)

待选本质问题（P₀）	本质问题（P₀）评价标准				
	能助目的	能消痛点	重要紧迫	职权之内	风险适度
选项四：如何减少变更次数	√	√	√	×	√
选项五：如何提早识别并有序高效变更	√	√	√	√	√
选项六：如何做好软件变更管理	√	√	√	×	×

怎么样，现在会放下[（初始问题（P₀）]了吗？

那些错误的放下[（初始问题（P₀）]每天都在发生，伴随而来的麻烦也是不断，让我们继续看下一节——这些年来，我们搞错的对象。

07 这些年来，我们搞错的对象

> 画龙不成反为狗。
>
> 《聊斋志异·胭脂》，蒲松龄

案例分析：如何提升执行力

我敢打赌，在你的工作经历中，一定不止一次遇到过甩锅神器——执行力。

- 公司要转型，喊了一年半了，也没见给出具体的规划，结果老业务快速萎缩、新业务又没接上来——不管，怪执行力！
- 上司只告诉你要搞定，你不知道啥叫搞定，没思路也没资源，最终付出了很多努力也没搞定——不管，怪执行力！
- 供应链管理一塌糊涂，导致客户索赔居高不下，几乎吃掉了公司利润的 30%，并且公司形象严重受损——不管，怪执行力！

第 2 章 症状≠疾病

- 市场部门工作严重失误，把非常有价值的啤酒派样活动搞成了免费送酒（只要快速把手里啤酒送完就大功告成）——不管，怪执行力！
- 目标客户群体匹配错位，导致面向海外市场的招聘 App 每月流量很大，但大家就是不用这款 App 求职——不管，怪执行力！
- ……

在某些组织中，执行力这一概念被赋予了近乎神奇的力量——它既是各类复杂问题无端归咎的对象，也是上级巧妙规避责任的首选防护盾。因此，一旦提及执行力这三个字，我们必须格外警醒，否则稍不留神，就可能让自己陷入不利的境地。

那么，到底什么是执行力呢？"执行力"一词，百度百科的定义是这样的：

执行力，指的是贯彻战略意图，完成预定目标的操作能力。具体包含完成任务的意愿，完成任务的能力，完成任务的程度。

从定义层面分析，至少能得出以下几点理解。

- 首先，执行力与战略意图紧密相连。那么，当执行力并未与战略意图相契合，而只是单纯反映某位管理者的个人偏好甚至私利时，若下属未能执行或执行效果不佳，这是否应归咎于执行力不足？这一点值得我们深思，甚至需要保持警惕。

- 其次，执行力的核心在于目标与结果。如果目标不够清晰或实现难度太大，最终导致结果不佳，这归罪于执行力是否合适？或许，设定并及时调整更恰当的目标会更为恰当。

- 最后，完成任务的意愿与能力均对结果产生重要影响。具体来说，是具备能力但缺乏意愿，还是意愿强烈但能力不足，抑或是既无意愿也无能力，这三种情况各不相同，因此所需的解决方案也自然有所差异。一味地责怪执行力，于事无补。

怎么样，看完以上这三点解读，是不是更蒙了？没事儿，来，我们往下走走，去到具体的工作场景看看，会更清楚一些。

- 如果所谓的执行力不高，是因为员工未能掌握完成工作所需的必要技能，担心做不好，所以畏手畏脚或裹足不前，那管理者为员工提供适当的培训和帮带就是必须的了。
- 如果所谓的执行力不高，是因为员工不清楚这项工作的价值（甚至怀疑这是浪费时间），或者不清晰达成什么样的目标就做好了，那么在任务开始前，向员工解释这项任务的价值，明确要达成的目标状态，就显得特别重要了。

- 如果所谓的执行力不高，是因为员工没有接到明确的执行指令，所以一直在被动等待，那么管理者在相对正式场合给出明确指令，且必要时请员工复述工作要求，会很有帮助。

- 如果所谓的执行力不高，是因为现行的职责划分不清晰，导致员工可做可不做，而一旦做了但却没做好还会吸引很多"炮火"，那么构建容错机制、鼓励主动承担和明确职责权限，就显得迫在眉睫了。

- 如果所谓的执行力不高，主要指的是员工不听你的话，这令你很不高兴，而更令你气愤的是，员工每次不按你的要求去做时，结果还会更好，那么这种情况就尴尬了。要不，你俩换换位置试试看？

以上几个场景中界定的执行力是比较简单的，其实也会有一些更为复杂的情况，例如，

- 作为省分行的中层管理者，大家组成团队研讨领导布置的课题——"如何提升执行力"。对于这个课题，大家

各抒己见（主要是吐槽）——总行要求太多、系统太落后、友商没下限、队伍不好带……跑了一大圈儿后再回归，发现执行力不佳的爆点主要就是在旺季营销的业绩达成上——如果再这么下去，今年旺季营销指标铁定会很差，所以，大家快速调整重心，果断将焦点本质问题（P_0）锁定在"如何做好旺季营销"上。

- 作为零售连锁公司的中层管理者，这半年来不断听到董事长在各种场合不厌其烦地强调要提升执行力。于是，有的管理者在目标设定上下了大功夫，有的管理者在紧盯日常布置任务的落实，有的管理者天天找员工谈心提升信任度……而实际情况是虽然公司今年业务大发展，但董事长去年年底提出的今年要快速建店1000家的进度严重滞后，董事长很焦虑，所以一再强调要提升执行力。因此，对于中层管理者，将关注点放在"如何能够助推快速建店，同时又能在这个过程中探索出行之有效的执行力提升的新模式"上，是不是更为恰当？

- 今年是我区的"执行力提升年"，作为区政府的中层干部，在"执行力提升专题学习班"上大家一起围绕着"执行力"这一主题做研讨，最终大家紧扣区里的十大重要工作，并结合小组成员的职责权限，聚焦在了如下几个课题［本质问题（P_0）］上：

- ✓ 如何加大规模以上企业的招商力度？
- ✓ 如何进一步优化营商环境？
- ✓ 如何提升首诊本区就医率？
- ✓ 如何提升纳税人满意度？

以上这几个课题都是区里今年的重点工作，中层干部们如果能在稳步推进这几个课题的过程中同步提升执行力，一举两得，何乐而不为呢？

至此，你可能会有疑惑——为什么不能直接研究"执行力"课题呢？道理很简单——在组织场景中我们要的不是提升执行力，而是提升执行力带来的（业务）结果。当然，如果你的需求就是要研究执行力理论，那也可以不这么折腾，建议买3本执行力的理论书籍，或者下载十篇八篇的相关论文，对你也是有帮助的。不过，如果你回归到组织场景，是不是还是要落地？

所以，研究对象[本质问题（P_0）]一定不能搞错！以下再来看两个案例。

案例分析：如何降低 C 板遗留率

作为中国定制家居业的领头羊，O家居集团以整体橱柜为起点，业务领域延伸到衣柜、整家定制、木门、卫浴、软装、厨电、金属门窗、装甲门、家具配套、整装大家居等，形成多元化产业格局，树立了整体橱柜、衣柜双王牌品类矩阵，是国内集研发、制造、销售为一体的多业务板块合力发展的综合型现代整体家居一体化服务供应商。O家居集团连续多年上榜中国最有价值品牌500强及中国制造业企业500强。

2023年，O家居集团研发了一种新板材，用于橱柜和衣柜。一经推出，就吸引了一大批粉丝，有望成为公司新的业务增长点，但"C板遗留率"这个指标一直居高不下，令你很难受。作为生产副厂长，你得解决这个问题。如果把本质问题（P_0）就落在"如何降低C板遗留率"上，会怎样？

如果把本质问题（P_0）落在"如何降低C板遗留率"上，毫无疑问，未来几个月"遗留率"这个指标会大幅下降，看着非常棒，但组织可能并不满意，为什么？

要回答这个问题，必须首先来解读关键词"遗留率"。

遗留率＝遗留单数量／总订单数量

当一张订单有质量问题时，这张单就被称为"遗留单"。从以上公式可以看出，遗留率的分子和分母都属于订单量。

- 如果要想让"遗留率"这个指标降低，在分母"总订单数量"不变的基础上，只需要将分子"遗留单数量"即"有质量问题订单数量"变小就可以了。
- 说到让分子"遗留单数量"变小，从人性的角度来说，你的下属可能会倾向于把精力放在用最小精力即可实现质量无问题的那些订单上。
- 这样的话，"遗留单数量"虽然变小了，但每张遗留单中"有质量问题板材数量"可能差异也巨大。

假设两个团队生产的产品相同，都针对"遗留率"进行研究并采取行动2个月了，虽然"遗留率"指标都降低了，并且刚好相同（都是0.2%），但每张遗留单中"有质量问题板材数量"差异巨大（假设每张有质量问题板材的质量损失为X元）。具体的遗留问题质量损失对照，如表2-4所示。

表2-4 遗留问题质量损失对照

团队	总订单数量/张	遗留单数量/张	遗留率/%	每张遗留单中"有质量问题板材数量"/张	质量损失/元
甲团队	100000	200	0.2	3	600X
乙团队	100000	200	0.2	300	60000X

由表2-4可见，甲乙团队虽然遗留率相同（都是0.2%），但

由于每张遗留单中"有质量问题板材数量"差异巨大（一个是 3 张，一个是 300 张），因此给组织带来的质量损失相差了 100 倍（一个是 600X 元，一个是 60000X 元）。所以，如果沿着"如何降低 C 板遗留率"来研究课题，你可就真的搞错了解决问题所需关注的对象，错失重点了。

案例分析：如何提升人均产值

J 集团是国内专注于燃气产业的大型清洁能源综合服务商，深耕华南市场 30 余载，主营业务包括液化天然气（LNG）、液化石油气（LPG）等，业务涵盖国际采购—远洋运输—码头仓储—物流配送—终端服务等全产业链，实现了清洁能源"端到端"的全方位布局，并致力于成为"具有价值创造力的清洁能源服务商"。

J 集团去年并购了一家能服公司，这一年来整体经营情况未见明显好转。作为总部派来的中层管理者之一，你也很着急。在集团的经营会议上，有领导提出了研究"如何提升人均产值"，这事儿你会怎么看？

如果把本质问题（P_0）落在"如何提升人均产值"上，那会怎样？

> 你关注什么指标，什么指标就更可能发生变化。如果把本质问题（P_0）落在"如何提升人均产值"上，我相信，未来几个月"人均产值"这个指标会完成得很好，但组织可能并不满意，为什么？

要回答这个问题，需要先来解读下关键词"人均产值"。

人均产值 = 总产值 / 总人数

要想"人均产值"变高，捷径其实是在保证"总产值"不变的基础上降低"总人数"。事实上，很多公司也是这么干的——在削减"总人数"的同时，再适度优化下工作职责，提高点工作效率，"人均产值"就提升了。

可是，这样真的对吗？

公司和领导为什么会关注"人均产值"？还不是希望"人均产值"的提升带来"总产值"（甚至总利润）的提升？所以：

- 如果"总人数"的下降虽然带来了"人均产值"的提升，但是"总产值"（总利润）并没变，那么公司和领导可能不会满意。

- 如果"总人数"的下降虽然带来了"人均产值"的提升，但"总产值"（甚至总利润）也跟着下降了，那么公司和领导更不会满意。
- 只有"人均产值"的提升同时带动了"总产值"（甚至总利润）的提升，公司和领导才会更满意。而这与"总人数"本身是升是降，其实关系并不大。

所以，虽然领导只提到了"要提升人均产值"，但如果你只关注"人均产值"，就又搞错对象了。

第 3 章

当我们说到痊愈时，我们在谈论什么

08 管他三七二十一（S7Q21）

> 万物皆有理，顺之则易，逆之则难。
>
> 《语录》，程颢

"目标"作为"上三角：PBP 铁三角"中的第四元素，也是"下三角：PAS 铁三角"中的首个元素，起到了承上启下的作用，极其重要，如图 3-1 所示。

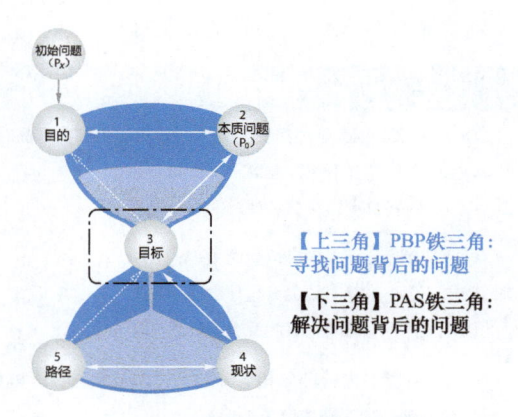

图 3-1 "问题解决沙漏模型"中的"目标"

- 首先，"上三角：PBP 铁三角"的终点就是"目标"。也就是说，由"初始问题（P_x）"输入开始，经由"目的"

- 找到"本质问题（P_0）"后，我们才能确定这个本质问题"P_0"的"目标"。
- 之后，经由这个"目标"，我们才能顺利进入"下三角：PAS 铁三角"，穿过"现状"抵达"路径"。
- 最终，这个"路径"要能消除或减弱"现状"的卡点，达成"目标"，并助力"目的"实现。

那么，从初始问题（P_x）是如何走到目标的呢？让我们把之前的所学串一串，整理出课题澄清的 7 步 21 问——S7Q21，谐音"三七二十一"，如表 3-1 所示。

表 3-1 课题澄清的 7 步 21 问

步骤	对应提问（21 问）
步骤一： 快速勾勒轮廓	Q01：组织 / 板块 / 部门主要为哪些客户提供哪些产品和服务 Q02：有哪些上下游及友商 Q03：课题组主要成员和课题的关系是什么
步骤二： 拆解关键词 【P_x】	Q04：有哪几个直接或衍生的关键词 Q05：这些关键词的定义是什么【平推】 Q06：这些关键词之间的关系是什么【平推】
步骤三： 盘点相关方 【P_x】	Q07：有哪些内外部的相关方会（正向或负向）影响到这个关键词？他们现在的表现如何【下探】 Q08：有哪些内外部的相关方会深受其（正向或负向，尤其是负向）影响？现在的实际影响情况是什么【下探】 Q09：比这些关键词更高的词是什么？它们之间的区别和联系是什么【上提】

（续表）

步　骤	对应提问（21问）
步骤四： 下沉业务场景 【P_x】	Q10：这些关键词直接影响到了我（我们）工作的哪些方面？间接又影响了我（我们）工作的哪些方面？具体表现是什么【下探】 Q11：未来的业务和工作会有什么变化？从未来（业务）视角来看这些关键词和课题，又会有什么不同【上提】 Q12：更高的领导是怎么看关键词和课题的？他们的关注点是什么【上提】
步骤五： 挖掘组织价值 【目的】	Q13：这一课题的价值有哪些【拉起】 Q14：如果可以继续拉高（站在更高领导层面甚至组织视角）、拉远（站在未来视角）、拉全（4～5点），价值会有什么不同【拉起】 Q15：有哪几个价值是要通过这次课题研究最优先助力的【拉起】
步骤六： 聚焦本质问题 【P_0】	Q16：这些目的拉起足够了吗【拉起】 Q17：为了助力达到这些目的，一定要研究初始问题（P_x）吗【放下】 Q18：我们最应该做的 [本质问题（P_0）] 是什么（能助目的、能消痛点、重要紧迫、职权之内、风险适度）【放下】
步骤七： 设定恰当目标 【目标】	Q19：当出现什么结果时，就知道课题已经做好了 Q20：长期和短期目标，分别应该怎么设定 Q21：如何避免达成目标却伤害了目的的情况出现

当遇到我们不太熟悉，甚至是完全陌生的课题时，通过以下这七步，可以帮助我们快速上手。

- 步骤一：快速勾勒轮廓。
- 步骤二：拆解关键词。
- 步骤三：盘点相关方。

- 步骤四：下沉业务场景。
- 步骤五：挖掘组织价值。
- 步骤六：聚焦本质问题。
- 步骤七：设定恰当目标。

接下来，我们一起深入学习下这七步，以及与之配合的21个提问。

第一步：快速勾勒轮廓。作为中层管理者，当你解决工作范围内的问题时，通常对组织所处环境都已经比较了解了，所以在这里不用花费多少时间和精力，在脑海中快速过一下即可。如果你是作为外部角色来参与组织内部课题的研究的，却既对这个组织是做什么的完全不了解，又对于组织业务单元的上下游也完全没有概念，那就尴尬了。所以，前置性地了解以下这三个问题，对于解题（解决问题）会非常有帮助。

- Q01：组织/板块/部门主要为哪些客户提供哪些产品和服务？
- Q02：有哪些上下游及友商？
- Q03：课题组主要成员和课题的关系是什么？

第二步：拆解关键词。在本书的前面部分，专门用了一节来介绍关键词，这里就不再长篇大论了。具体来说，团队可以通过以下这三个提问来拆解关键词。

- Q04：有哪几个直接或衍生的关键词？
- Q05：这些关键词的定义是什么？【平推】
- Q06：这些关键词之间的关系是什么？【平推】

拆解关键词极其重要，有些拿捏不准的，建议回到前面的第 4 节，再强化下内容。

第三步：盘点相关方。和这个课题有关的相关方可以分为两类，一类是对于课题成败有直接影响的，这一类相关方你要努力来争取支持；另一类是这个课题的成败对于这些相关方会产生影响，这一类相关方你也需要关注，以免达不到期待或产生过多伤害。同时，盘点相关方的过程中也会为你带来新的思考。

- Q07：有哪些内外部的相关方会（正向或负向）影响到这个关键词？他们现在的表现如何？【下探】
- Q08：有哪些内外部的相关方会深受其（正向或负向，尤其是负向）影响？现在的实际影响情况是什么？【下探】
- Q09：比这些关键词更高的词是什么？它们之间的区别和联系是什么？【上提】

第四步：下沉业务场景。在营利性组织中，管理是为业务服务的，所以管理课题研究最终也是要回到业务场景中去的。借着关键词解读及相关方盘点获得的资讯，你继续借助三个提问来下沉业务场景。

- Q10：这些关键词直接影响到了我（我们）工作的哪些方面？间接又影响了我（我们）工作的哪些方面？具体表现是什么？【下探】
- Q11：未来的业务和工作会有什么变化？从未来（业务）视角来看这些关键词和课题，又会有什么不同？【上提】
- Q12：更高的领导是怎么看关键词和课题的？他们的关注点是什么？【上提】

至此，才有机会从表象下沉到实实在在的业务中，从而为进一步挖掘课题的组织价值提供基础。

第五步：挖掘组织价值。下沉到了业务场景很好，也非常有必要。但是，你尚且不知道在这个阶段下沉得对不对。所以，要拉起来，从组织视角进行观察来思考课题的组织价值。具体的提问可以参考下面的三点。

- Q13：这一课题的价值有哪些？【拉起】
- Q14：如果可以继续拉高（站在更高领导层面甚至组织视角）、拉远（站在未来视角）、拉全（4～5点），价值

会有什么不同?【拉起】

- Q15：有哪几个价值是要通过这次课题研究最优先助力的?【拉起】

第六步：聚焦本质问题。拉起后挖掘到了组织价值，接下来就要放下了。在聚焦本质问题时，切忌曲高和寡——脱离了职责权限的所谓本质问题，其实没意义。以下为对于找到本质问题有帮助的三个小提问。

- Q16：这些目的拉起足够了吗?【拉起】
- Q17：为了助力达到这些目的，一定要研究初始问题（P_x）吗?【放下】
- Q18：我们最应该做的 [本质问题（P_0）] 是什么（能助目的、能消痛点、重要紧迫、职权之内、风险适度)?【放下】

第七步：设定恰当目标。确定完本质问题（P_0），就要设定目标了。在设定恰当目标上，以下这三个小提问会很有帮助。

- Q19：当出现什么结果时，就知道课题已经做好了？
- Q20：长期和短期目标，分别应该怎么设定？
- Q21：如何避免达成目标却伤害了目的的情况出现？

"三七二十一"（S7Q21）不仅对于解决职权范围内的问题有帮助，对于那些不熟悉的课题依然疗效显著。以下来看一个案例。

案例分析：如何提高设计师的服务能力

你的一位朋友在一个对你来说陌生的行业——定制家居公司任职，他最近正在苦苦思索"如何提高设计师的服务能力"这个课题，还没有头绪。如果你有20分钟时间和他聊一聊，助力他理理思路，你可以怎么做？现在，借助"三七二十一"（S7Q21）来尝试一下。

- **步骤一：快速勾勒轮廓**。通过 Q01 ～ Q03（见图 3-2），你了解到：

> Q01：组织／板块／部门主要为哪些客户提供哪些产品和服务
> Q02：有哪些上下游及友商
> Q03：课题组主要成员和课题的关系是什么

图 3-2　Q01 ～ Q03

- ✓ 该公司属于定制家居行业；
- ✓ 研产销一体，主要为个人客户提供家居定制服务；
- ✓ 在行业内属于中高端品牌，主要友商有欧派、尚品宅配和索菲亚等；
- ✓ 你朋友的公司品牌是 ×× 品牌。

- **步骤二到步骤四**。通过这三个步骤的9个子提问，Q04 ～ Q12（见图 3-3），你了解到：

第 3 章 当我们说到痊愈时，我们在谈论什么

> Q04：有哪几个直接或衍生的关键词
>
> Q05：这些关键词的定义是什么【平推】
>
> Q06：这些关键词之间的关系是什么【平推】
>
> Q07：有哪些内外部的相关方会（正向或负向）影响到这个关键词？他们现在的表现如何【下探】
>
> Q08：有哪些内外部的相关方会深受其（正向或负向，尤其是负向）影响？现在的实际影响情况是什么【下探】
>
> Q09：比这些关键词更高的词是什么？它们之间的区别和联系是什么【上提】
>
> Q10：这些关键词直接影响到了我（我们）工作的哪些方面？间接又影响了我（我们）工作的哪些方面？具体表现是什么【下探】
>
> Q11：未来的业务和工作会有什么变化？从未来（业务）视角来看这些关键词和课题，又会有什么不同【上提】
>
> Q12：更高的领导是怎么看关键词和课题的？他们的关注点是什么【上提】

图 3-3　Q04～Q12

- ✓ 设计师其实不仅承担了设计工作，还承担了大量的实际销售工作。
- ✓ 内部成员对服务能力这个词的理解不一样，但有共识的一点是，一定不仅指服务本身。
- ✓ 经过你俩进一步深挖，发现设计能力的提高涉及以下方面。
    - ➢ 基本功，是出图质量和服务意识。
    - ➢ 结果性评价，是单人产值。
    - ➢ 影响因素，是成交量×客单值。

> 控制点，是进店量/量尺率/转化率等。
> 加分项，是复购率及转介率。

✓ 同时，目前本公司设计师的单人产值较同行均值低25%。
✓ 设计师单人产值低直接影响到个人收入和士气，以及公司三年规划的达成，老板很着急。

- 步骤五：**挖掘组织价值**。借助 Q13～Q15（见图3-4），跳出本位，站在上帝视角来审视课题，提炼出以下课题价值。

Q13：这一课题的价值有哪些【拉起】

Q14：如果可以继续拉高（站在更高领导层面甚至组织视角）、拉远（站在未来视角）、拉全（4～5点），价值会有什么不同【拉起】

Q15：有哪几个价值是要通过这次课题研究最优先助力的【拉起】

图3-4　Q13～Q15

✓ 提高设计师单人产值。
✓ 稳定设计师团队。
✓ 助力三年规划达成。
✓ 助力提升业内竞争力。
✓ 探索设计师单人产值提高的新模式。

- 步骤六：**聚焦本质问题**。借助 Q16～Q18（见图3-5），可以发现以下内容。

第 3 章 当我们说到痊愈时，我们在谈论什么

> Q16：这些目的拉起足够了吗【拉起】
> Q17：为了助力达到这些目的，一定要研究初始问题（P_x）吗【放下】
> Q18：我们最应该做的［本质问题（P_0）］是什么（能助目的、能消痛点、重要紧迫、职权之内、风险适度）【放下】

图 3-5　Q16 ～ Q18

- ✓ "提高设计师的服务能力"这个课题很本质，但牵扯面太广。
- ✓ 目前最急迫又重要，且团队成员还能充分发挥作用的，其实是单人产值。
- ✓ 于是，课题初步聚焦为"如何提高设计师单人产值"。

• **步骤七：设定恰当目标**。借助 Q19 ～ Q21（见图 3-6），目标设定如下。

> Q19：当出现什么结果时，就知道课题已经做好了
> Q20：长期和短期目标，分别应该怎么设定
> Q21：如何避免达成目标却伤害了目的的情况出现

图 3-6　Q19 ～ Q21

- ✓ 长期目标：1 年内将设计师单人产值提高 35%；
- ✓ 短期目标：4 个月内将设计师单人产值提高 25%，并落地形成《设计师测量工具包 2.0》《全案设计师认证标准 2.0》《现场引导话术 2.0》等交付物。

怎么样？借助"三七二十一"（S7Q21），外行人是不是也可以快速进入状态，帮到内行？如果置换到自己熟悉的工作场景，是不是就更有信心？

09 我们到底想要什么结果

> 如果你不能衡量,那么你就不能管理;如果你不能描述,那么你就不能衡量。
>
> 《战略地图——化无形资产为有形成果》,
> 罗伯特·S.卡普兰和戴·P.诺顿

借助"三七二十一"(S7Q21),你成功锁定了本质问题(P_0),并尝试设定目标。但是,到底应该如何设定恰当目标呢?这个问题在"三七二十一"(S7Q21)中并没有给出解答。以下就来一起探索一下如何设定恰当目标。

在《战略地图——化无形资产为有形成果》一书中,罗伯特·S.卡普兰和戴·P.诺顿提出了战略执行的三个要素。

突破性成果＝描述战略＋衡量战略＋管理战略

并且,总结了针对这三个要素的简单理念:

- 如果你不能衡量(战略),那么你就不能管理(战略);
- 如果你不能描述(战略),那么你就不能衡量(战略)。

套用在目标执行上，三个要素也很简单：

突破性成果＝描述目标＋衡量目标＋管理目标

针对目标执行的这三个要素，简单总结下，那就是：

- 如果你不能衡量（目标），那么你就不能管理（目标）；
- 如果你不能描述（目标），那么你就不能衡量（目标）。

可见，描述与衡量目标是管理目标的前提条件。那么，应该如何有效描述和衡量目标呢？用 SMART 原则【具体（Specific），可衡量（Measurable），可实现（Achievable），相关（Relevant），时限性（Time-bound）】吗？当然，目标必须要符合 SMART 原则。同时，在此基础之上，合适的目标设定，还需要考虑以下这三条原则。

- 本质上：要能助目的、能消痛点。
- 内容上：定量指标与交付物相映成辉。
- 操作上：先长后短设定，最终必可量化，短期关注交付（物）。

本质上：要能助目的、能消痛点

"不要因为走得太远，而忘记了为什么出发。"我们研究课题、任务或挑战，就是为了消除或减弱某些痛点的影响（或为了某些未来的任务储备能量），并助力初心（目的）的实现。所以，当我们把这个课题的理想状态具象化时，一定不能偏离这一本质。

内容上：定量指标与交付物相映成辉

任务也好，课题也罢，你的目标都要包含两部分内容：定量指标及交付物。

- 定量指标：人均利润、客单值、投诉率、交期……这些都属于定量指标。
- 交付物：在项目执行过程中所产生的、经过验证和验收后被交付给项目相关方的各种成果、文件和产品。

交付物和定量指标有什么关系？简单地说，我们就是要通过产出、应用、迭代（再应用、再迭代）这些交付物，才会把定量指标做起来，并且稳定住。那么，如何判断交付物和定量指标是适配的呢？主要是要做两个校验：有效性校验和充分性校验。

- 有效性校验。当我们列出来了未来（短期目标）的几个交付物之后，针对每个交付物来发问："这个交付物，对于我们达成短期定量指标有没有帮助？"如果没有帮助，那这个交付物就是无效的，应该被删除；如果有帮助（先不管帮助大小），则说明是有效的，则可以考虑保留下来。
- 充分性校验。通过了有效性校验之后，再来针对这些留下来的交付物发问："这些交付物，如果能在短期目标的时间节点前尽早产出、应用并迭代（再应用、再迭代），我们有多大信心可以达成短期的定量指标？"如果研究这一课题（任务）的人都是强相关方，且对课题有一定熟悉度，并且大家觉得信心满满（有70%～80%，甚至更高的信心），那我们可以暂时认为这些交付物是充分的，先预设这些交付物就可以了；如果大家觉得很没信心（信心不足60%，甚至更低），那说明交付物可能不充足，需要补充新的交付物（也可能有些已列出来的交付物也需要再调整）。

当交付物通过了有效性校验和充分性校验之后，可以暂时认为目标设定好了。但同时要注意，随着后续课题研究的深入，我们又会有新的发现（甚至有些发现会颠覆我们原来的假设和认知），我们的定量指标和交付物也可能会随之发生变化。所以，目标的设定不是一劳永逸的，也需要动态进行微调（留意：这并不是说前面可以随便定目标，后续随便做调整。而是说，前面要尽可能把目标定得准，但后面也可以结合实际情况做微调）。

操作上：先长后短设定，最终必可量化，短期关注交付（物）

- 先长后短设定。"短期目标"是为了更好实现"长期目标"服务的，所以，要先设定"长期目标"，再设定"短期目标"。那先设定"短期目标"再设定"长期目标"，又会怎么样？非常不建议这样做，因为在不清楚"长期目标"的情况下就设定"短期目标"，很容易被眼前的某些易得成果吸引而跑偏，进而影响到"长期目标"的达成。

- 最终必可量化。所有课题，从长期来看一定有"定量指标"（当然，在短期也要尽可能有"定量指标"），否则无法有效衡量和管理。你可能会说："未必吧？如果我最终是为了交付一栋大楼或者企业资源计划（Enterprise Resource Planning，ERP）系统，这个就是交付物啊，怎么量化？"事实上，我们交付的这栋大楼也好，ERP 系统也罢，都要满足某些标准吧？这些标准不就是量化指标吗？总不能只管完成大楼（或 ERP 系统）的交付，而不管主体结构是否安全、施工质量是否 ok，以及是否满足业主单位的使用要求吧？

- 短期关注交付（物）。交付物是某些可以持续发挥效用的制度、流程、表单、案例及系统等，可以是"从无到有"（新增）的，也可以是"从有到优"（优化）的。针对所有课题，在"短期目标"中一定有交付物，且短期重点关注的也是交付物。同时,短期也要尽可能设定定量指标——定量指标可以直接证明交付物的价值。

案例分析:如何降低软件变更人力投入

回顾一下 D 公司"如何降低软件变更人力投入"这一课题,最终聚焦为"如何提早识别并有序高效变更"[本质问题(P_0)]。课题澄清表(如何降低软件变更人力投入),如表 3-2 所示。

表 3-2 课题澄清表(如何降低软件变更人力投入)

初始问题(P_x)	痛　点	目　的	本质问题(P_0)
如何降低软件变更人力投入	1)变更次数多。过往 3 年变更次数直线上升,从原来的每年 200 次,猛增到现在的每月近百次 2)变更识别晚。通常到了 M3.3、M3 甚至 M4 才发现需要变更,变更压力大、成本高、风险高 3)变更不规范。虽然有公司级的变更指引,但由于业务形态变化很快,这份指引对于目前的变更帮助不大。各个小团队都有自己的变更套路和打法,各有优劣但缺乏系统性的规范 4)变更周期长。特别简单的变更 1~3 天就能完成,复杂一些的变更 1 个月很正常,甚至有变更会长于 3 个月 5)变更人力高。花在变更上的工作量已占到部门总工作量的 38%,加班逼近极限但仍然有大量的延迟 6)变更不彻底。由于变更数量大、团队成员经验又相对不足,变更不彻底时有发生,导致很多客户抱怨、投诉和索赔,甚至影响到了一些新项目的获取	1)提能力(提升变更预警能力) 2)提满意度 3)提竞争力 4)降风险 5)降成本 6)探模式	如何提早识别并有序高效变更

结合目标设定的三条原则，目标设定如下。

- 长期目标：1年内，M3.2前识别出来的变更数量占总变更数量比例达到80%、变更及时率提高50%、变更人效提高35%。
- 短期目标：3个月内，M3.2前识别出的变更数量提高25%、变更及时率提高20%、变更人效提高20%，且产出交付物：《软件设计开发流程2.0》、《软件评审方案2.0》和《软件变更操作指引2.0》。

这个目标设定得是否合适呢？以下用三条原则检验下，如表3-3所示。

表3-3 目标设定评估表1（如何提早识别并有序高效变更）

目标	目标设定三原则		符合度
长期目标：1年内，M3.2前识别出来的变更数量占总变更数量比例达到80%、变更及时率提高50%、变更人效提高35% 短期目标：3个月内，M3.2前识别出的变更数量提高25%、变更及时率提高20%、变更人效提高20%，且产出交付物：《软件设计开发流程2.0》、《软件评审方案2.0》和《软件变更操作指引2.0》	本质上：要能助目的、能消痛点	能助目的	√
		能消痛点	√
	内容上：定量指标与交付物相映成辉	有效性校验	√
		充分性校验	×
	操作上：先长后短设定，最终必可量化，短期关注交付（物）	先长后短设定	√
		最终必可量化	√
		短期关注交付（物）	√

结果发现,"充分性校验"不 ok。于是,你认真思考后进行了完善,短期目标中补充了另外两个交付物:《软件需求解读规范 2.0》和《软件需求确认清单 2.0》。于是,目标进一步升级为以下内容。

- 长期目标:1 年内,M3.2 前识别出来的变更数量占总变更数量比例达到 80%、变更及时率提高 50%、变更人效提高 35%。
- 短期目标:3 个月内,M3.2 前识别出的变更数量提高 25%、变更及时率提高 20%、变更人效提高 20%,且产出交付物:《软件需求解读规范 2.0》、《软件需求确认清单 2.0》、《软件设计开发流程 2.0》、《软件评审方案 2.0》和《软件变更操作指引 2.0》。

至此,目标设定三原则中的七子项评估完全符合,如表 3-4 所示。

表 3-4 目标设定评估表 2(如何提早识别并有序高效变更)

目标	目标设定三原则		符合度
长期目标:1 年内,M3.2 前识别出来的变更数量占总变更数量比例达到 80%、变更及时率提高 50%、变更人效提高 35%	本质上:要能助目的、能消痛点	能助目的	√
		能消痛点	√

（续表）

目标	目标设定三原则		符合度
短期目标：3个月内，M3.2前识别出的变更数量提高25%、变更及时率提高20%、变更人效提高20%，且产出交付物：《软件需求解读规范 2.0》、《软件需求确认清单 2.0》、《软件设计开发流程 2.0》、《软件评审方案 2.0》和《软件变更操作指引 2.0》	内容上：定量指标与交付物相映成辉	有效性校验	√
		充分性校验	√
	操作上：先长后短设定，最终必可量化，短期关注交付（物）	先长后短设定	√
		最终必可量化	√
		短期关注交付（物）	√

案例分析：如何提高智慧园区解决方案的客户价值

以下回顾一下C公司"如何提高智慧园区解决方案的客户价值"这一课题，该课题最终聚焦的本质问题（P_0）为"如何提高智慧园区项目组售前能力"，如表3-5所示。

表3-5 课题澄清表（如何提高智慧园区解决方案的客户价值）

初始问题（P_x）	痛 点	目 的	本质问题（P_0）
如何提高智慧园区解决方案的客户价值	1）传统业务遇到瓶颈，三年规划目标达成堪忧 2）智慧园区业务生机勃勃，但我们进展缓慢 3）智慧园区已有合作客户，但项目认可度低 4）智慧园区商机支撑投入大，但效率低下	1）开赛道 2）立标杆 3）促协同 4）育人才 5）探模式	如何提高智慧园区项目组售前能力

第 3 章　当我们说到痊愈时，我们在谈论什么

结合目标设定的三条原则，目标设定如下。

- 长期目标：2 年内，商机转化率提高 1 倍、售前支撑效率提高 60%。
- 短期目标：5 个月内，客户认可率提高 50%、售前支撑效率提高 30%，且产出《需求调研报告》、《智慧园区解决方案 PPT》、《高层交流文件》、《技术交流文件》和《内部赋能材料》等 12 份交付物。

这个目标设定得是否合适呢？以下再来用三条原则检验下，如表 3-6 所示。

表 3-6　目标设定评估表（如何提高智慧园区项目组售前能力）

目标	目标设定三原则		符合度
长期目标：2 年内，商机转化率提高 1 倍、售前支撑效率提高 60%	本质上：要能助目的、能消痛点	能助目的	√
		能消痛点	√
短期目标：5 个月内，客户认可率提高 50%、售前支撑效率提高 30%，且产出《需求调研报告》、《智慧园区解决方案 PPT》、《高层交流文件》和《内部赋能材料》等 12 份交付物	内容上：定量指标与交付物相映成辉	有效性校验	√
		充分性校验	√
	操作上：先长后短设定，最终必可量化，短期关注交付（物）	先长后短设定	√
		最终必可量化	√
		短期关注交付（物）	√

结果发现，三原则中的七子项都符合，目标设定合理。

10 这些年，我们设定过的自欺欺人的目标

> 一个人有所不足，就要自欺欺人，一句谎言说过三次，就自己也信以为真的。
>
> ——杨绛

恰当的目标设定，必须要符合目标设定的三大原则、七个子项。而在现实工作中，很多目标设定却常常会陷入以下这四个坑中不能自拔：灼伤目的、囿于小数、以偏概全、独宠交付物。

陷阱一：灼伤目的。如果我们沉迷于追逐目标（尤其是定量指标）却忘记了初心（目的），很可能会灼伤目的，得不偿失。例如，

- 研究"如何提升市场占有率"时，虽然市场占有率提升的短期定量指标达成了，但因为低价策略拉低了品牌层次，令原有的客户群体对品牌价值产生动摇，要么转投友商、要么继续压低价格，这直接打击了公司想要进军高端市场的战略，划算吗？

- 研究"如何提高人均产值"时，虽然人均产值的短期指标完成度大幅提升，但因为盲目减人头数导致根本忙不过来，加班费用大幅提升，进而直接影响到了交期、总产值和总利润，公司真的满意吗？

- 研究"如何降低产品的 BOM 成本"（BOM，Bill of Material，物料清单，描述了产品所需的原材料、零部件等物品的清单，是产品设计和制造的基础）时，虽然 BOM 成本大幅降低的短期定量指标达成了，但却伤害了产品品质，导致客户大量投诉（甚至索赔），直接影响了新订单的获取及单价，我们到底在忙啥？

- 研究"如何提高交付及时率"时，虽然交付及时率的短期定量指标冲得很猛，客户也非常满意，但我们自己的内功没有跟上，导致交付成本根本搂不住，做一单亏一单，做一个月亏 30 天，咱们还能扛多久？

- ……

灼伤目的的案例每天都在重现，屡见不鲜。作为中层管理者，我们能做点什么呢？引入"主指标"和"关注性指标"这两个概念，会很有帮助。不同课题指标列表，如表 3-7 所示。

表 3-7　不同课题指标列表

本质问题（P₀）	指标 主指标	指标 关注性指标
如何提升市场占有率	市占率	售价、净推荐值（Net Promoter Score，NPS）、高端定位认可度
如何提高人均产值	人均产值	交期、人均加班时长、人均利润、总产值、总利润……
如何降低产品的BOM成本	BOM成本	质量参数、投诉率、索赔率……
如何提高交付及时率	交付及时率、交付周期	交付成本、每单利润、一级品率、返工率等

- 所谓"主指标"，是指通过课题研究要改变的定量指标，如"如何提高人均产值"课题中的"人均产值"，"如何提高交付及时率"课题中的"交付及时率"和"交付周期"等。

- 所谓"关注性指标"，是指在达成目标的同时可能会因此而受到伤害的定量指标，如果能够在达成目标的同时还能让这些"关注性指标"也同步变好，那就太棒了！如果实现不了，至少也不要因此而让它受到伤害。例如，主指标"人均产值"对应的关注性指标可能有交期、人均加班时长、人均利润、总产值和总利润等；主指标"交付及时率"和"交付周期"对应的关注性指标可能有交付成本、每单利润等。

陷阱二：囿于小数。当某些课题中的主指标与短期时间不匹配，以至于在短期时间内主指标达成也不能有效展示相关水平的提升时，我们需要找到这一主指标背后的过程指标，以重设目标。

- 例如，在任何组织里，事故都是大家要极力避免的。如果你的基层主管也很关注安全指标，把未来4个月的短期目标设定为"不发生严重事故"，作为他的直接上司，你是该高兴还是会有些不安？
  - ✓ 即使是在大型组织里，每年发生严重事故的频率都不高（很多管理规范的大型组织可能多年才发生1起），更何况你的下属只负责这个大型组织下属27个子公司之一的1个200人的车间，设定这样的短期目标，是不是有点不恰当？
  - ✓ "海恩法则"告诉我们：每一个严重事故的背后，必然有29个轻微事故和300个事故苗头，以及1000个事故隐患（如图3-7所示）。没有发生严重事故，可能是背后的事故隐患、事故苗头和轻微事故的量积累还不够，不能说明我们做得很好。
  - ✓ 所以，虽然4个月内"不发生严重事故"这一目标是有价值的，但短期只定这么一个目标就是不恰当的了，因为目标实现时并不代表我们的安全管理水平在提升，相反可能会掩盖住很多问题。

```
        1个
        大事故

      29个
      轻微事故

    300个
    事故苗头

  1000个
  事故隐患
```

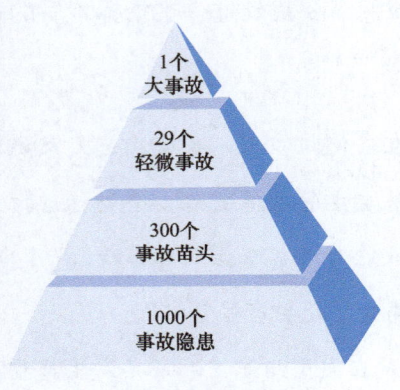

图 3-7　海恩法则

- ✓ 可见，"严重事故次数"这一指标与 4 个月的短期时间并不匹配——即使 4 个月内主指标"严重事故次数"为 0，也不能有效展示我们安全管理水平的提升。所以，此时我们设定这一主指标项背后的过程指标项——事故隐患数和事故苗头数（甚至轻微事故数），就恰当多了。
- 什么是过程性指标？这是相对于结果性指标来说的。结果性指标是最终的成果度量，而过程性指标则是为了确保高质高效地达成结果性指标而进行的监测和管控，如表 3-8 所示。

第 3 章 当我们说到痊愈时，我们在谈论什么

表 3-8 不同课题主指标列表

本质问题（P₀）	主指标	
	结果性指标	过程性指标
如何降低严重事故发生概率	严重事故次数（如果短期时间内严重事故发生概率本就极低）	轻微事故数、事故苗头数、事故隐患数
如何降低投诉次数	投诉次数（如果短期时间内投诉次数本就甚少）	流出的不良产品数量、生产不良率
如何提升报告一次通过率	报告一次通过率（如果短期时间内报告次数本就甚少）	报告错误数、报告完整性
如何提高中标率	中标率（如果短期时间内应标次数本就甚少）	技术方案得分、商务报价吸引力得分

例如，

- ✓ 结果性指标"严重事故次数"对应的过程性指标是"轻微事故数"、"事故苗头数"和"事故隐患数"。
- ✓ 结果性指标"投诉次数"对应的过程性指标是"流出的不良产品数量"和"生产不良率"。
- ✓ 结果性指标"报告一次通过率"对应的过程指标是"报告错误数"和"报告完整性"。
- ✓ 结果性指标"中标率"对应的过程指标是"技术方案得分"和"商务报价吸引力得分"。
- • 作为销售总监，你特别希望提高中标率。最近 1 年的中标率是 30%，而未来 3 个月大概也只有 10 个项目要应

标。结合历史数据，中标3个算正常水平。如果中了5个就特别好（中标率拉到了50%），如果只中1个就惨了（中标率跌到10%），但这真的有意义吗？

- 如果未来3个月我们中的这几个标，竞争对手都很菜，所以我们不费劲儿就中了（而实际并非我们的水平在提升），那意义何在？如果未来3个月我们没中的那9个标，都是因为遇到了特别强大的对手，对方就是要进入这一市场，所以不计成本地夺标，但我们依然中了1个（展现了我们日益增长的夺单能力），难道不应该给我们自己点赞吗？

- 所以，中标率这个结果性指标的基数太小了（只有10个标），实现与否并不能完全体现出我们水平的涨跌，需要设定更为恰当的过程性指标以便我们做过程监督和管控（以确保更长时间维度上结果性指标的达成），如"技术方案得分"等。

- 如果我们能设计出技术方案评分标准并就现有水平进行评分，之后指导我们管控好这10个标的技术方案更高质量的产出，这就是在提高我们中标的能力——虽然短期的中标率未必提升（短期中标率基数太小，且受多种因素影响，它的高低并不能完全反映我们夺标的水平强弱）。

陷阱三：以偏概全。如果设定的目标只能代表期待达成结果的一部分，而非全部，则陷入了"以偏概全"之中。例如，

- 作为新业务的负责人，公司对你寄予厚望——在传统业务停滞不前的情况下，公司特别希望新业务能够快速成长起来，成为公司新的增长引擎。如果2年的长期指标你设定的是新业务增长200%，这是否足够？
  - ✓ 如果新业务虽然增长了200%，但占公司总盘子的比重却只是略增，这是公司期待的结果吗？所以，对内，新业务占总业务量的比重，也应该是长期目标之一。
  - ✓ 如果对内，新业务占总业务量的比重也大幅增加，但是这都属于自然增长——市场规模扩大了1000%，友商随便都增长了300%，这是公司期待的结果吗？所以，对外，也要看我们之于友商的增长比例，甚至我们新业务在市场上的占有率。
  - ✓ 所以，在"快速发展新业务"这一课题中，如果长期目标只设定"新业务增长比率"就以偏概全了，应该同步把"新业务占总业务的比重"和"高于行业增长比率"（甚至"市场占有率"）也整合进目标之中。
- 同理，如果你要"提升政企产品的覆盖率"，作为中层管理者，3个月的短期指标你就不会只看"覆盖率"，因为

你知道：

- ✓ 我们通常所讲的"覆盖率"，其实只是"广度覆盖"（即有没有覆盖到），但并没有涉及"深度覆盖"。
- ✓ 所谓的"深度覆盖"，是指要覆盖到更具价值的被覆盖者（对公司现有或未来业务能贡献更多），所以，"广度覆盖"和"深度覆盖"的乘积，才是我们更看重的。
- ✓ 所以，3个月左右的短期指标，要么设定为"高价值客户的覆盖率"，要么是设定"（广度）覆盖率"和"新覆盖单客户贡献度"双指标，才能避免以偏概全。

陷阱四：独宠交付物。交付物固然重要（尤其是对于短期目标来说），但如果只一门心思搞交付物，却忘记了为啥搞交付物，或者搞出来的交付物没有作用，那岂不是白忙一场？例如，

- 你要求下属研究"缩短研发周期"这一课题。结合产品特性，研发周期通常都要3～8年甚至更久，所以针对3个月的短期目标他没有设定定量指标，而是明确了要做出来几个交付物，其中之一是《研发需求导入规范3.0》。3个月后，他提交了《研发需求导入规范3.0》等交付物，以为就大功告成了，这可以吗？

- 我们为什么需要《研发需求导入规范 3.0》？因为我们了解到之所以研发周期长，很重要的一个因素是研发需求导入这里太随便，导致后续总返工，拉长了周期。所以，我们希望通过《研发需求导入规范 3.0》来规范需求导入，从而减少后续折腾的次数和时长，进而缩短研发周期。
- 那么，即使《研发需求导入规范 3.0》撰写得再漂亮，但对于研发周期缩短没有帮助，也只是空中楼阁，毫无用处。
- 所以，既要关注交付物，但又不能为了做交付物而做交付物——交付物必须为打粮食（也就是定量指标）服务。

灼伤目的、囿于小数、以偏概全、独宠交付物，设定目标时的这四个陷阱，你中招过吗？相信你一定被坑过！但学过这一节之后，避坑本领应该大幅提升了吧？

第 4 章

确诊与治愈，隔着一条马里亚纳海沟

11 想要回响？那得先念念不忘

> 凡事念念不忘，必有回响。因它在传递你心间的声音，绵绵不绝，遂相印于心。
>
> 《李叔同〈晚晴集〉人生解读》，王少农

"念念不忘，必有回响。"很多人是在王家卫的电影《一代宗师》中听到的这句话。其实，这句话出自王少农所著的《李叔同〈晚晴集〉人生解读》一书，原文是：

"世界是个回音谷，念念不忘必有回响。你大声喊唱，山谷雷鸣，音传千里，一叠一叠，一浪一浪，彼岸世界都收到了。凡事念念不忘，必有回响。因它在传递你心间的声音，绵绵不绝，遂相印于心。"

回到我们的解题中来，有了目标，就万事大吉了吗？当然不是！确定了目标，只是完成了"问题解决沙漏模型"的"上三角：PBP 铁三角"（找到了问题背后的问题），接下来我们要正式进入"下三角：PAS 铁三角"，来进行问题分析与解决了，

如图 4-1 所示。

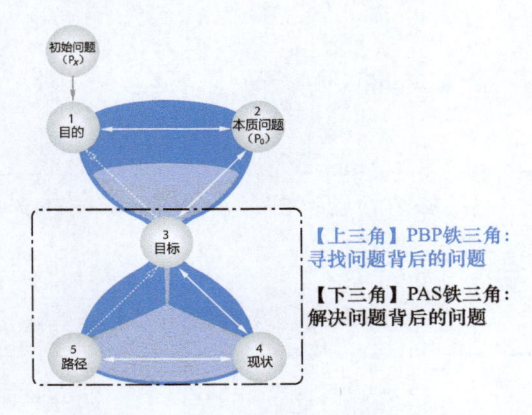

图 4-1 "问题解决沙漏模型"中的下三角

如果将"念念不忘，必有回响"套在实际工作的解题中，则是："想要回响（目标实现），那得念念不忘（目标和现状）！"

这句话的含义：

- 我们需要的回响，就是"目标实现"。
- 只有对"目标和现状"念念不忘，才能得到"目标实现"这样的回响。

是不是觉得有点绕？来，转译下，通俗的说法就是："要想实现'目标'，我们需要针对'目标和现状'进行分析。"具体则是落在以下课题分析的两句话要点上。

- **课题分析要点一**：课题分析，瞄准的是短期交付物，以及其对照的现状。

- **课题分析要点二**：课题分析，瞄准的是离我最近的定量指标的理想状态，以及其对照的现状。

是不是更蒙了？来，看看案例，很快就清醒了。

案例分析：如何降低软件变更人力投入

回顾一下 D 公司"如何降低软件变更人力投入"这一课题，最终聚焦为"如何提早识别并有序高效变更"[本质问题(P_0)]，且我们设定了恰当的目标，如表 4-1 所示。

表 4-1　课题目标设定表

初始问题（P_i）	目 的	本质问题（P_0）	目 标
如何降低软件变更人力投入	1) 提升变更前置识别及预警能力 2) 降低变更管理不到位带来的风险 3) 降低变更带来的成本压力 4) 探索和规范变更管理新模式 5) 提升客户满意度 6) 提升行业竞争力	如何提早识别并有序高效变更	长期目标：1 年内，M3.2 前识别出来的变更数量占总变更数量比例达到 80%、变更及时率提高 50%、变更人效提高 35% 短期目标：3 个月内，M3.2 前识别出的变更数量提高 25%、变更及时率提高 20%、变更人效提高 20%，且产出交付物：《软件需求解读规范 2.0》、《软件需求确认清单 2.0》、《软件设计开发流程 2.0》、《软件评审方案 2.0》和《软件变更操作指引 2.0》

快思慢行：中层如何抓住本质拿结果

以下先来看课题分析的第一句要点："课题分析，瞄准的是短期交付物，以及其对照的现状。"在这个案例中，针对短期目标我们设定了很多交付物，以下仅以《软件变更操作指引 2.0》来举例。

- 在现实工作中，当我们告知下属："小王，我们需要升级软件变更操作指引，下周一把更新后的版本提交给我，有没有问题？"你的下属通常会怎么回应？当然是告诉你："好的，领导，没问题！"
- 可是，你知道吗？你的下属很可能也不太清楚要怎么升级，但你又要求他升级，所以，下周一他还是会按时给你提交更新的指引，但是这个指引是否真的靠谱，你就得祈祷了。是不是很郁闷？

如果我们换一种方式，布置完任务后，再问一句："小王，针对这个升级任务，你打算怎么做？"你的下属略微思考后，可能会给你这样的两类不同回应。

- 【A 类思考 / 回应：瞄准短期交付物进行分析】。如果你的下属对这个任务特别熟悉，并且是绝对的专家，那他可能会这样回应你："领导，您放心，我之前在友商（是标杆）那里就负责软件变更的管理工作，当时的操作指引就是我编写的，实际运行下来效果非常棒。我来咱们公司也一年多了，对咱们的情况也特别熟悉，我知道应该怎么升级（操作指引），并且我也会对照咱们现在的做法，来指明运用新的操作指引需要特别留意之处，以便新的指引能够快速落地。"

这是直接针对短期交付物（《软件变更操作指引2.0》）来进行分析的。小王这样讲，你是不是对这份新的操作指引充满了期待？

- **【B类思考/回应：瞄准短期交付物对照的现状进行分析】**。如果你的下属不是这方面的专家，或者对这个任务没有十足的把握，他更可能会这样回应你：
  - ✓ "张总，我一时也没想清楚该怎么升级，但是我想先从现在的操作指引着手，来看看这个操作指引是怎么做的，哪些环节和地方的规定不恰当而导致了变更得过慢或容易出错，然后再来有针对性地做改善。"【瞄准短期交付物对照的现状】
  - ✓ "我看到德国总部在这方面做得特别好，去年我去德国学习时与James私交不错，他就是这方面的专家，我研究下德国总部的操作指引，再对照下咱们的，看看可以怎么借鉴一下。"【瞄准短期交付物对照的现状】

- ✓ "这两年大家就一直在吐槽，抱怨操作指引不给力，我打算先和抱怨声最大的几个人聊一聊，听听他们的想法，再结合他们的抱怨做一些核实，看看有哪些是可以通过升级操作指引可以消除或缓解的。"【瞄准短期交付物对照的现状】
- ✓ "领导，我打算把近半年所有和软件变更有关的记录都找出来，重点分析那些异常情况，来看有多少是因为操作指引不给力造成的，为什么会这样，以及应该怎么升级。"【瞄准短期交付物对照的现状】

以上这四种回应，都是在针对短期交付物（《软件变更操作指引 2.0》）对应的现状来进行分析的。小王如果这样讲，你是不是也对即将产出的新操作指引更有信心了？

所以，当短期目标中设定了交付物时，我们要么针对短期交付物直接做分析，要么针对短期交付物对照的现状做分析，就是不能直接出交付物，否则，出来的交付物多半也是拍脑袋的，中看不中用。这是课题分析的第一句话要点：课题分析，瞄准的是短期交付物，以及其对照的现状。

接下来，再来看下课题分析的第二句话要点：课题分析，瞄准的是离我最近的定量指标的理想状态，以及其对照的现状。在这个案例中，离我最近的定量指标（也就是短期指标）有多个，我们仅以"变更及时率提高20%"这个指标来举例。

- 在现实工作中，当我们告知下属："小王，变更及时率指标太难看了，下一季度得把这个从60%拉升到72%，至少得提高20%！"你的下属通常会怎么回应？当然是告诉你："好的，领导，没问题！"
- 可是，你知道吗？你的下属很可能也不太清楚要怎么提高，但你又要求他提高，所以，他大概率还是会很努力，眉毛胡子一把抓地采取了N多行动，但最终却未必真能提高20%，或者达标了但却投入了过多资源（得不偿失），是不是有点尴尬？

如果我们换一种方式，布置完任务后，再问一句："小王，变更及时率提高这个事儿，你打算怎么做？"然后与你的下属一起做进一步的交流，于是，针对"变更及时率"这一待改善的指标，你们将会得出这样的两类思考。

- 【C类思考/回应：瞄准离我最近的定量指标的理想状态进行分析】。"变更及时率"这个指标的理想状态应该是100%及时，如果变更及时率要做到100%及时，那么：
  ✓ 这对哪些部门/岗位/个人/环节提出了哪些要求？

- ✓ 目前他们的主要差距是什么？导致这些差距的背后原因是什么？
- ✓ 在这些原因中，有哪些是完全不可控的？
- ✓ 在这些原因中，有哪些是内部可控的？为什么一直没有控制好？
- ✓ 如果要想控制好（这些差距），我们的策略是什么？这又会落在哪些交付物和负责人身上？
- ✓ 如果时间和资源有限，为了达成短期目标，哪些策略的投入会更具性价比？承接的交付物和负责人又是哪些？

- **【D类思考/回应：瞄准离我最近的定量指标对照的现状进行分析】**。当然，我们也可以按以下的思路进行思考。
  - ✓ 明细分析。目前有40%的变更是不及时的，我们可以拉出来过去几个月的变更不及时数据，借助"5W+Why"进行分析，来看哪些项目类别/变更类别/变更等级/变更起因/客户类别/项目经理/软件工程师/变更环节做得特别不好，结合二八法则锁定最应该改善的点，并形成路径。
  - ✓ 对标分析。我们可以研究内外部的标杆，看看他们是怎么做到"变更及时率"这个指标极其优秀的，并对照我们的实际情况,来看具体可以怎么抄作业,以及最终可以落在哪些交付物和负责人身上。

- ✓ 流程分析。我们也可以拉一条变更的主流程出来,看:
    - ➢ 变更的起点在哪里?终点在哪里?中间经过了哪些环节?
    - ➢ 每个环节耗时多久?哪些环节超时了?超时的原因是什么?
    - ➢ 要想压缩这个环节时长,在这个环节需要做什么改善?在前面的哪些环节又要做哪些改善(能够减少或杜绝本环节的超时)?承接的交付物是什么,以及负责人是谁?
    - ➢ 这样做可能带来的负面影响有哪些?如果我们想达成这样的好效果但又不想要这些负面影响,我们应该如何进一步升级这些改善策略和交付物?

怎么样?如果小王这样思考了,你是不是对于指标达成也更有信心了?

以下稍微总结下:课题分析的两句话要点落在具体的分析上,就是 ABCD 四类。

A 类分析:瞄准短期交付物进行分析。直接思考短期交付物应该长什么样,然后对照现状说明改善之处、这会带来哪些新的不适/困难，以及应该如何推动才能让交付物落地更顺。

B类分析：瞄准短期交付物对照的现状进行分析。可以分析（与交付物有关的）现状有哪些不妥之处，或做内外部标杆研究来抄作业，或调研相关方了解目前不足，或通过过往问题回溯现状的不足之处。

C类分析：瞄准离我最近的定量指标的理想状态进行分析。结合该定量指标的理想状态，来推测其背后支撑力量的理想状态，再对照盘点现状找不足和原因。

D类分析：瞄准离我最近的定量指标对照的现状进行分析。直接瞄准该定量指标的现状进行分析，结合二八法则找重点改善之处。

案例分析：如何提高智慧园区解决方案的客户价值

回顾一下C公司"如何提高智慧园区解决方案的客户价值"这一课题，最终聚焦为"如何提高智慧园区项目组售前能力"[本质问题（P_0）]，且也设定了恰当的目标，如表4-2所示。

表 4-2　目标设定表（如何提高智慧园区解决方案的客户价值）

初始问题 （P_s）	目　的	本质问题 （P_0）	目　标
如何提高智慧园区解决方案的客户价值	1）开赛道 2）立标杆 3）促协同 4）育人才 5）探模式	如何提高智慧园区项目组售前能力	长期目标：2 年内，商机转化率提高 1 倍、售前支撑效率提高 60% 短期目标：5 个月内，客户认可率提高 50%、售前支撑效率提高 30%，且产出《需求调研报告》、《智慧园区解决方案 PPT》、《高层交流文件》、《技术交流文件》和《内部赋能材料》等 12 份交付物

先来借助课题分析的第一句话要点（课题分析，瞄准的是短期交付物，以及其对照的现状）来看看，可以如何思考。在这个案例中，短期交付物是《需求调研报告》、《智慧园区解决方案 PPT》、《高层交流文件》、《技术交流文件》和《内部赋能材料》等 12 份交付物，以下仅以《需求调研报告》这一交付物为例。可能的思考/回应包括：

- 这份《需求调研报告》是给谁用的？他需要用这份报告做什么？
- 为了让这份报告更能满足他的需要，这份报告必须回应哪几个核心问题？

- 为此，这份报告的结构应该是怎样的？为了填充这个结构，我们需要拿到哪些信息？通过什么渠道和手段可以拿到这些信息？
- 以往报告的结构是怎样的？这个结构的适用性如何？
- 以往报告做得不好的地方有哪些？什么原因导致了效果不好？我们的可改善之处有哪些？
- 哪些公司／业务条线／个人是标杆？他们是怎么做到的？对我们有什么启发？
- ……

经过这些思考后产出的交付物（《需求调研报告》）如果得以实施，是不是更能帮到离我最近的定量指标（客户认可率提高50%、售前支撑效率提高30%）的达成？

再来看课题分析的第二句话要点（课题分析，瞄准的是离我最近的定量指标的理想状态，以及其对照的现状），我们可以借助它如何进行思考。在这个案例中，离我最近的定量指标是"客户认可率提高50%"和"售前支撑效率提高30%"，以下仅以"售前支撑效率提高30%"为例。可能的思考包括：

- 如果售前支撑效率可以做到最好，这对哪些部门／岗位／个人／环节提出了哪些要求？目前他们的主要差距是什么？导致这些差距的背后原因是什么？在这些原因中，有哪些是完全不可控的？有哪些是内部可控的？为什么一直没有控制好？如果要想控制好（这些差距），我们的策略是什么？这又会落在哪些交付物和负责人身上？如果时间和资源有限，为了达成短期目标，哪些策略的投入会更具性价比？承接的交付物又是哪些，以及负责人又是哪些人？

- 明细分析。我们可以拉出来过去1年售前支撑的数据，借助"5W+Why"进行分析，来看哪些项目类别/支撑类别/客户类别/项目经理/销售人员/支撑人员做得特别不好，结合二八法则锁定最应该改善的点，并形成路径。
- 对标分析。我们可以研究内外部的标杆，看看他们是怎么做到"售前支撑效率"这个指标极其优秀的，并对照我们的实际情况，来看具体可以怎么抄作业，以及最终可以落在哪些交付物和负责人身上。
- 流程分析。我们也可以拉一条售前的主流程出来，看：
    - ✓ 售前的起点在哪里？终点在哪里？中间经过了哪些环节？
    - ✓ 有哪些环节需要支撑？分别需要什么支撑？需要谁来提供支撑？要支撑到什么程度？
    - ✓ 目前我们在这些支撑上，分别做得怎么样？（效率和质量。）

- ✓ 要想这些支撑都到位，相关环节/岗位/内容上的难点/痛点是什么？公司层面要做什么，才能尽可能消除或减弱这些难点/痛点，从而让这些支撑真正能落实到位？
- ✓ 有哪些标准化的工作可以极大降低我们的压力并提升支撑效率？为了完成这些标准化的工作，我们需要哪些资源？通过什么渠道/方式可以拿到这些资源？在获取这些资源之前，我们需要做好哪些准备工作？
- ✓ 需要提交的交付物又有哪些，以及负责人又有哪些人？
- ✓ ……

经过这些思考后，对于离我最近的定量指标（售前支撑效率）的达成，是不是更有信心了？

"想要回响（目标实现），那得念念不忘（目标和现状）！"当我们熟练掌握了课题分析的两句话要点后，无论什么行业、什么课题，管他熟悉还是不熟悉，见到（设定合理的）目标，我们就知道应该展开什么分析，从而产出更合适的路径，进而帮助他们达成目标！简单吧？

12 害死人的"我以为"

> 子曰:"由,诲女,知之乎?知之为知之,不知为不知,是知也。"
>
> ——《论语》

在做决策时,我们常常会陷入"我以为"之中,导致信息失真或探寻的内容有偏差。若想更清晰地了解事实,掌握这三点会很有帮助:假设≠事实、正确≠有用、信源与信道同等重要。

假设≠事实

你了解的是事实,还是藏在事实背后的假设?以下来看 ZS 公司的案例。

盾构机被称作"工程机械之王",是开挖隧道的利器。如今,全球每 10 台盾构机就有 7 台来自中国,中国的盾构机在全球的市场占有率超过三分之二。并且,其核心部件全部都是中国自主研发的,是名副其实的"中国心"。ZS 公司作为国家级

快思慢行：中层如何抓住本质拿结果

高新技术企业，业务范围涵盖高端装备研发、制造、租赁、专业施工及绿色再制造等，可生产各类型盾构机、矿山能源装备，以及工程施工领域智能化专业化装备及系统。

受大环境影响，目前盾构机销售市场疲软已成定局，为了达成公司的增长要求，出租业务被寄予厚望。作为盾构机业务的负责人，你指示下属要拿出可行的出租收益增长的方案。1周后，你的下属来向你做汇报，主题为"如何提高盾构机出租率"等，你要的是"出租收益增长"，而下属给出的是"提高盾构机出租率"，这背后的假设是什么？这些假设真的成立吗？

- 简单说来，盾构机的出租收益，看的是总掘进量。
- 而影响总掘进量的三个重要因素是：设备出租台数、运行时间和每小时掘进量。
- 下属把重点锁定在"设备出租率"（设备出租台数）上，背后的假设是什么？应该是目前的出租率偏低，或者运行时间和每小时掘进量提升空间不大。事实真的是这样吗？

于是，你开始询问你的下属："老于，为什么要把重点放在'提高出租率'上？能说说你的判断依据吗？"

第 4 章　确诊与治愈，隔着一条马里亚纳海沟

一番你来我往之后，我们发现：

- 公司现有 50 台盾构机可以用于出租，实际已出租了 47 台，出租率达到了 94%，就算出租率达到 100%，对于实际营收的帮助也是有限的。
- 运行时间严重不足，有近 20 台设备每月单机停机时长达到了 250 小时，并且故障停机达到了 140 小时，严重影响掘进量。
- 每小时掘进量也是参差不齐，尤其是在试掘进阶段准备不充分，导致故障偏高；同时，试掘进验证不充分，也导致之后的正式掘进功率提不起来。

我们回过头来看下属老于的提议"提高盾构机出租率"，这背后的假设是什么？出租率不够高。

而实际上这一假设并不成立——出租率已经达到了 94%，即使继续提高到 100%，对于总收入的影响也不会特别大。

假设≠事实，在做决策前，及时针对关键信息多问一句："判断依据是什么"，可以有效帮助我们少走弯路，甚至是错路。

正确≠有用

百万医疗保险（简称百万医）具有客均保费较高、成本低

廉，以及适合全渠道销售推广等特点，成为 PF 保险公司的主推产品之一。今天，你把下属志强叫到了办公室，请他说说应该如何提升百万医的客户留存率。志强提前做了功课，打开电脑，滔滔不绝讲了很多分析内容和结论，例如：

- 在存量客户占比中，前三名的产品是非机动车、学平险和综合意外；
- 年满期客户整体留存率为 22%，其中百万医和银行卡盗刷等产品留存率较高；
- 传统家财客户年累计保费占比第一，为 36%；
- 非机动车客户数排名第一，保费占比 26%；
- 百万医的客户数占比仅 2.2%，但保费占比 11%，客均保费高；
- 燃气险和交通旅意等产品，保单成本率低于 50%，但保费占比均低于 1%；
- 分渠道保费占比前三是创展、线客和团渠；
- 综拓、车商和团渠保单成本率排名前三；
- ……

听着志强的汇报，你皱起了眉头。怎么，他的报告有错误吗？不见得，他说的很多都是事实。但这些事实，对于我们"提升百万医的留存率"似乎并无帮助。

第 4 章 确诊与治愈，隔着一条马里亚纳海沟

为了更好地进行决策，我们每天会获取很多信息。如果把这些信息放在"信息提取 2×2 矩阵"（见图 4-2）中，你会有新的发现。

```
                    正确
                     |
   第二象限：无用/正确 | 第一象限：有用/正确
                     |
  无 ─────────────────┼───────────────── 有
  用                  |                  用
                     |
   第三象限：无用/错误 | 第四象限：有用/错误
                     |
                    错误
```

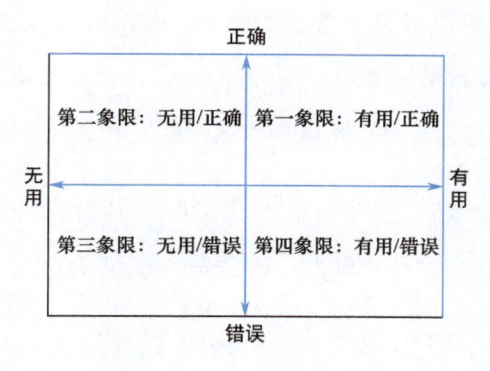

图 4-2 信息提取 2×2 矩阵

在"信息提取 2×2 矩阵"中，我们把信息按照"有用/无用"和"正确/错误"分成了四类。

- **第一象限：有用/正确**。出现在第一象限中的信息，对于我们做决策（解决问题）是有帮助的，并且这些信息本身也是正确的（属于事实）。我们最需要的就是这些信息。

- **第二象限：无用/正确**。第二象限中的信息，虽然也是正确的（属于事实），但是对于我们做决策（解决问题）却并无帮助。我们在这里消耗太多时间和精力，往往是为了坚守"正确情怀"（常见的托辞：难道我们说的有错吗？），或刻意"避重就轻"。

- 第三象限：无用/错误。信息无用又错误，直接忽略。
- 第四象限：有用/错误。在第四象限中的信息，是有用的，但同时又是错误的。针对这些信息，我们要做的，是找到这些信息背后的假设，从而让这些信息往上走（转移到第一象限：有用/正确），挖掘出有用且正确的新信息。而明确信源和信道，就是挖掘的重要方式之一。

可能你会说："有些信息我很难第一时间判断它属于哪个象限，我是应该先区分正确性，还是先区分有用性？"

答案显而易见：要先区分有用性（有用/无用），再区分正确性（正确/错误）。做出判断，往往是需要花费时间和精力的，如果这条信息本身对于我们做决策没有帮助（无用），那还区分它是否正确有何意义？先区分有用性（有用/无用），无疑能帮我们节省大量的时间和精力。

信源与信道同等重要

信源即信息的源头，信道即信息的传递渠道。这二者对于我们获取真实信息，同等重要。

看过大鹏的电影《保你平安》吗？

外界盛传"韩露生前是 ZTXJ"，临近墓地的家属冯总不愿意了，非要将韩露墓地迁走，以免脏了自家风水。为了证明自己客户的清白，从此，墓地哥魏平安开始了循证之旅，如图 4-3 所示。

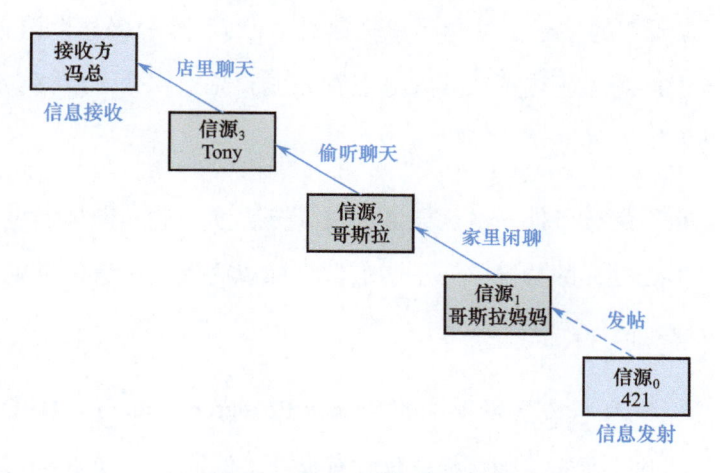

图 4-3　谣言传播信源与信道

关于"韩露是 ZTXJ"这条信息，冯总的信源是哪里呢？宠物店美容师 Tony。信道又是什么？宠物店给狗做美容时与 Tony 的闲聊。

Tony 的信源和信道又是什么呢？在店庆时从吉祥物大猩猩和哥斯拉的对话中听到的。

扮演哥斯拉的杨玉婷是怎么知道的呢？听她妈说的。她妈怎么知道的？跳广场舞时听舞伴说的。

……

谣言的传播链条极其复杂，最终溯源，其实是"421"为了能够免费追更玄幻小说（不想付9.9元的费用），在"韩露裸捐136万元"的帖子上杜撰了"韩露是ZTXJ"这一爆炸性消息，帖子因此爆火，热评获得大量点赞完成了兑换积分，成功实现免费继续追更。

是不是有点扯？虽然电影杜撰成分会多一些，但现实生活中也不乏这样的情况——不明信源就信以为真，不管信道就照单全收，例如：

- 作为人力资源总监（Human Resource Director，HRD），你要研究"如何提高核心岗位员工保留率"，直接调用人力资源系统中的离职原因来分析，有可能直接把自己带沟里去——核心员工离职时填写或主动说明的离职原因，能有几成是真实的？
- 作为新入司的研发总工，你要研究"如何降低设计错误率"，花费了大量时间和精力直接与多位设计人员进行一对一交流，大家的主要反馈指向是甲方变动频繁才导致了设计错误率居高不下（却对设计人员自身能力水平和责任心等内容绝口不提），这个可信度又能有多少？
- 作为售后负责人，你要研究"如何提高客户满意度"，集中精力研究 C 部门给我们的评估分数细项，殊不知很多客户是 A 部门购买咱们的服务、B 部门在使用（咱们的服务），而对我们直接给出满意度评价的却是 C 部门，尴尬不？

- ……

"假设≠事实、正确≠有用、信源与信道同等重要"，牢记这三点，对于规避"我以为"，非常有帮助。

13 这么干靠谱吗

> 路漫漫其修远兮，吾将上下而求索。
>
> ——屈原

现状探寻清楚了，终于来到路径了。那么，什么样的路径，算是好路径？

好路径的四个特点

所谓路径，就是具体的解决方案。好的路径，通常具有四个特点，即一致、充分、无害、少投入。

- **好路径特点之一：一致**。从目的到目标，再从现状到路径，这四个要素是从前到后一路推出来的，那反过来，也要能被验证：
  - ✓ 这个方案（路径），要能消除或减弱现状的卡点；
  - ✓ 这个方案（路径），要能帮助我们达成目标；
  - ✓ 这个方案（路径），也要能助力目的的实现。

  这就是一致：目的、目标、现状和路径要在逻辑上相通，保持一致。这个是底线,如果一致性都不 ok,该策略将会被一票否决。(逻辑都完全不通,还搞个啥?)

- **好路径特点之二:充分**。如果路径的一致性检验通过了的话,我们就可以讨论充分性了。为什么非要先讨论一致性再讨论充分性?道理很简单:如果路径的一致性都不 ok 则意味着逻辑有问题,在这样的情况下再讨论充分不充分已变得毫无意义了。那什么叫充分?充分是指路径要足够支持我们达成目标(并助力目的)。例如,H 物业公司讨论"如何提高入户维修及时率"这个课题,从目的到本质问题(P_0),再到目标和分析结论,我们把内容整理在一张表上看得更为清晰一些,如表 4-3 所示。

表 4-3 结论推导表(如何提高入户维修及时率)

目的	本质问题(P_0)	目标	(目标/现状)分析结论
1)提高入户维修及时率 2)缩短入户维修时长 3)提升物业管理水平 4)提高业主满意度 5)维护品牌形象	如何提高入户维修及时率	长期目标:2年内,入户维修及时率提高到99%;入户维修时长压缩15% 短期目标:3个月内,入户维修及时率由96%提高到98.5%,并落地形成《入户维修宝典2.0》等交付物	结论一:杭州 YX 维修及时率在 4 市 21 个项目中垫底 结论二:紧急维修及时率大幅拉低了整体数据 结论三:18:00—21:30 时间段的水管类维修不及时是重点 结论四:上海外滩 JL 是标杆,可借鉴之处较多 结论五:前台接单及派单环节对及时率影响重大 结论六:维修工的维修技能也存在一定的差距

结合表 4-3 最后一列分析结论，我们设计的初步路径由三个策略构成，分别是：优化水管工排班、完善考核引领，以及加强过程管控。

- ✓ **先看一致性**。经过团队深入研讨，确认这三个策略能够有效缓解当前存在的问题，也能推动目标实现。因此，该路径在逻辑上展现出了良好的一致性，一致性检验通过。
- ✓ **再看充分性**。进一步评估发现，尽管这三个策略对于目标达成是有帮助的，但是不够全面。也就是说，按照这三个策略推进下去，对于实现目标会有帮助，但是无法完全达成目标，说明充分性不够。基于此，我们新增了两个关键策略：规范接派单操作，以及提高水管工技能。

这是"特点一：一致"，以及"特点二：充分"。

- **好路径特点之三：无害**。路径的落实，应该能够帮助我们达成目标（并助力目的），但不能为组织带来更大的风险或损失。让我们回过头来看 J 集团"如何提升人均产值"的案例。要提升人均产值，如果你的路径之一是削减员工数量，那你就要特别留意了，因为，这条路径很可能会给公司带来更大的伤害，例如：

第 4 章　确诊与治愈，隔着一条马里亚纳海沟

- ✓ 因为员工数量减少，导致大量订单积压，迟迟收不到产品的客户产生严重抱怨，转投友商，进而导致营收大降；
- ✓ 因为员工数量减少，为了赶工不得不安排更多的加班，导致单位产品的人力成本急剧上升，影响到了利润率和利润；
- ✓ 因为关键岗位的核心员工数量减少，导致产品质量很不稳定，增加了客户的使用风险，以及品牌信誉；
- ✓ ……

一旦上面的情况出现，虽然人均产值在增加（目标实现了），但公司完全高兴不起来。这不禁让我们想起了那句古语："周郎妙计安天下，赔了夫人又折兵。"

再看回 H 物业公司的"如何提高入户维修及时率"这个课题，关于"策略二：完善考核引领"这一策略，大家初始的想法是希望通过加大维修不及时的处罚力度来推动维修工更快速地完成维修，但这样是有风险的，可能会导致这些青年维修工的强烈反弹——本来到手工资就不高，现在还动不动就扣钱，去别的物业公司随便都能找到比咱们这边更高的工资，我不干了！所以，最终大家经过慎重讨论，决定不能这样做，还是要正面激励——将绩效奖金中入户维修及时率的比重提高到与业

主满意度一致。

这是"特点三：无害"。我们在明确路径时，要特别留意：路径在帮助我们达成目标、助力实现目的的同时，不能带来新的、更大的伤害。

- **好路径特点之四：少投入**。我们不仅要考虑产出（目标），也要考虑投入（路径），如果能有更高的投入产出比（小投入大产出），那就更好了。这五个策略中，投入也都还不大，并且预期产出不错。

结合上述分析，以下便整理出了课题路径评估表（如何提高入户维修及时率），如表 4-4 所示。

表 4-4 课题路径评估表（如何提高入户维修及时率）

待选路径	好路径评价标准（局部）			
	一致	充分	无害	少投入
策略一：优化水管工排期	√		√	√
策略二：完善考核引领	√		√	√
策略三：加强过程管控	√	√	√	√
策略四：规范接派单操作	√		√	√
策略五：提高水管工技能	√		√	√

最终检验发现，这五大策略符合好路径的四个特点，一致、充分、无害、少投入，完美！

第 5 章

我们痊愈了吗

14　你知道布朗运动吗

> 行不可不孰，不孰，如赴深溪，虽悔无及。
>
> ——《吕氏春秋·慎行论·慎行》

你知道布朗运动吗？它指的是悬浮在液体或气体中的微粒所做的永不停息的无规则运动。

那你知道管理上的布朗运动吗？管理上的布朗运动可以简单地理解为组织中的部门和个体所进行的无规则、无序或低效的运动或行为。这种运动或行为可能不直接指向组织目标，甚至可能产生内耗和冲突，从而影响组织的整体效能和发展。

回归到组织中解决问题的场景中，管理上的布朗运动特指那些对于目标达成毫无帮助（甚至帮倒忙）的路径（解决方案及行动）。管理上的布朗运动2×2矩阵如图5-1所示。

- **第四象限：正向/弱势影响**。先来说下第四象限，这一象限中的行动项虽说是正向的（对于达成目标有帮助），但是帮助不大（弱势影响），所以有点鸡肋。如果说在这里的投入不需要太多就能达成一部分目标，那做做也无妨。

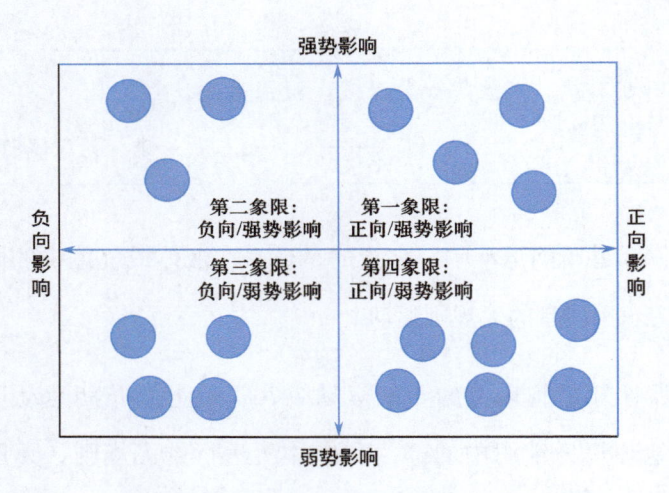

图 5-1　管理上的布朗运动 2×2 矩阵

- **第一象限：正向 / 强势影响**。第一象限中的策略，对于达成目标是正向促进的（有帮助），并且是强势影响（帮助很大），这是你最需要的。通常这一象限里的路径数量不会特别多（只占所有行动的20%），但对于帮助达成目标至关重要（能支撑起80%目标的达成）。

- **第二象限和第三象限**，这两个象限里的策略，对于达成目标都是负向的——非但没有帮助，还会阻碍目标的实现,所以要特别警惕。例如,公司为了提高单店产出,推出了多项政策,其中一个策略是"每天顾客点餐订单数超过一定量,餐厅工作人员就有额外奖励"。可结果却是每天定量数量增长了15%,但销售额下降了3%。显然,这个策略对于达成目标(提高单店产出)的影响是负面的——餐厅工作人员会刻意引导客人将1个订单拆为2个,以此来赚取更多奖励;同时,这也导致就餐体验变差,客户在缓慢流失中。

如何消除管理上的布朗运动

那么,如何消除管理上的布朗运动呢?

从大的方面来说,我们需要在愿景设定、文化塑造、组织设计、流程优化、团队协作、员工培训和激励机制等维度进行全方位努力,才能确保组织在解决问题或完成任务的过程中保持高效有序的状态。但这么宏大的工程,我们一下子似乎啥也干不了,所以,还是按下不表吧。

从中观层面来说,在解决具体问题中,我们还是可以借助"问题解决沙漏模型"这一抓手,通过正向推理和反向验证来系统性规避管理上的布朗运动,如图5-2所示。

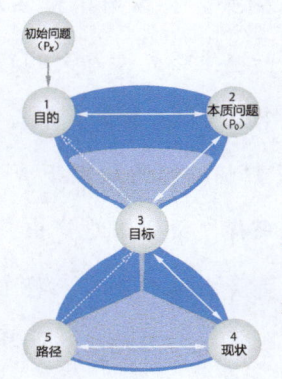

【上三角】PBP铁三角：
寻找问题背后的问题

【下三角】PAS铁三角：
解决问题背后的问题

图 5-2　问题解决沙漏模型

- **正向推理**：从 1 到 5。
  - ✓ 初始问题（P_x）触发了问题研究，并就此挖掘出课题的目的；
  - ✓ 由目的来推出本质问题（P_0）；
  - ✓ 根据本质问题（P_0）推出目标；
  - ✓ 结合目标及现状，深入展开课题分析，拿到结论；
  - ✓ 结合结论，产出路径。
- **反向验证**：从 5 到 1。
  - ✓ 路径要能包得住课题分析的结论；
  - ✓ 从而消除或减弱现状的卡点；
  - ✓ 能够帮助达成目标；
  - ✓ 本质问题（P_0）研究得以完成；

✓ 最终助力目的实现。

从小的层面来说,如果你觉得初读下来,对于"问题解决沙漏模型"还不能完全驾驭,那微观层面的这个方法一定用得上,那就是——紧盯目标。一个令人惊掉下巴的事实是:针对稍微复杂的问题,相当多的人并不设定目标!

- 研究"如何做好变更管理"时,变更管理的目标是什么不清楚,就列出 8 条解决方案(路径);
- 研究"如何提高售前能力"时,什么叫售前能力以及做好的表现是什么都不探究,就开始甩开膀子干了;
- 研究"如何提高员工执行力"时,执行力的定义还没搞清楚,都已经大干特干 2 个月了;
- 研究"如何做好跨部门协作"时,跨部门协作做好的表现是什么都没想过,就已经开始着手准备跨部门协作能力提升的调研问卷了;
- ……

最简单实操的消除管理上的布朗运动的方式就是——紧盯目标!

- 如果还没有目标,那务必要先确定目标;
- 有了目标之后,结合目标及现状,深入展开课题分析,便会得到结论；

- 结合结论产出的路径，自然会靠谱得多——大概率指向的是正向/强势影响（"管理上的布朗运动2×2矩阵"中的"第一象限：正向/强势影响"）。

干掉管理上的布朗运动，你准备好了吗？

15　恼人的路径依赖

> 打破，才能得生机。
>
> ——司马光的思维

"问题解决沙漏模型"和"紧盯目标"能够帮助我们消除管理上的布朗运动，以使"正向/强势影响"的路径对准目标，但并不能帮助我们跳出路径依赖。

所谓路径依赖，是指人类社会中的技术演进或制度变迁均有类似于物理学中的惯性，即一旦进入某一路径（无论是"好"还是"坏"）就可能对这种路径产生依赖[1]。以下来看两个与之相关的非常有名的案例。

路径依赖——猴子实验

在这个引人深思的猴子实验中，研究者将 5 只猴子关在同一个笼子里，中央悬挂着一串诱人的香蕉。起初，每当有猴

---

[1] 路径依赖：美国斯坦福大学教授保罗·戴维在《技术选择、创新和经济增长》一书中提出。

子试图伸手摘取这串香蕉时，便会遭到高压水的强力惩罚，这一惩罚不仅针对行为者，而是会波及笼子里的所有猴子，以确保信息的深刻传达。随着时间的推移，猴子们逐渐学会了这一"规矩"：远离香蕉，以免招致不幸。

随后，实验进入了一个新的阶段。研究者用一只未经此训练的新猴子替换了笼中的一只老猴子。新猴子对笼中的"潜规则"一无所知，出于本能的好奇与渴望，它尝试接近并伸手去摘香蕉。然而，这一举动立即激怒了笼中原本的4只老猴子，它们迅速行动起来，以群体之力对新猴子进行了严厉的"教育"，通过暴力手段迫使新猴子认识到触碰香蕉的严重后果，并最终使其屈服于这一不成文的规则之下。

实验者持续进行这样的替换操作，逐步将所有经历过高压水惩戒的老猴子替换出去，直至笼中只剩下完全未经历过直接惩罚的新猴子。然而，令人惊讶的是，尽管这些新猴子从未直接体验过高压水的威慑，也从未见过其他猴子因此受罚的场景，但它们无一例外地坚守着"不许拿香蕉"的禁令。这一现象深刻地展示了路径依赖的自我强化效应：一旦某种行为模式或规则在群体中确立并得以巩固，即便其背后的原始驱动力（如高压水的惩罚）已不复存在，该规则也会通过社会压力、习惯势力等间接方式持续影响并束缚着后来者的行为选择。

路径依赖——马屁股与铁轨间距

有一个充满趣味与深思的案例,它揭示了历史决策的连锁反应如何跨越时空,对现代科技产生意想不到的影响,那就是现代铁路的铁轨间距标准——四英尺又八点五英寸(1.435 米)的由来。

追根溯源,这一标准并非凭空设定,而是源于电车设计的初期,而电车的轮距又直接承袭了马车的标准。为何马车会采用这一特定的轮距呢?

时间回溯至古罗马时代,那时整个欧洲,包括英国的长途道路,都是罗马军团为军事目的而铺设的。罗马战车的宽度,恰好也是四英尺又八点五英寸(1.435 米),这一尺寸源于牵引战车的两匹马的自然宽度。

故事并未在此结束。当我们把目光投向现代,会惊奇地发现,美国航天飞机燃料箱旁的火箭推进器宽度也受到了这一古老标准的制约。原来,这些庞大的推进器在制造完成后,需通过铁路运输,并穿越一系列隧道。由于隧道的宽度仅略大于铁路轨道,因此推进器的宽度不得不受限于铁轨的间距。

回到组织中解决问题的场景，也一样受限于路径依赖——一旦某个策略和行动被采用并广泛接受，它就会像滚雪球一样，在后续的发展中不断被沿用和强化，即使它可能并非最优选择。

那么，如何才能有效抵抗路径依赖呢？"抵抗路径依赖五步法"会很有帮助。

- **第一步：识别既有路径**。首先，明确当前所处的路径及其特点，包括长期遵循的惯例、流程、策略等。通过深入剖析，识别出这一路径形成的背景、原因及其带来的正面与负面影响。这一步是打破路径依赖的基础，只有清晰地识别既有路径，才能有针对性地寻求改变。

- **第二步：区分假设与事实**。在既有路径中，往往隐藏着许多未经审视的假设，这些假设可能限制了思维的广度和深度。因此，需要仔细区分哪些是基于确凿事实的判断，哪些是未经证实的假设。通过批判性思维，挑战那些不合理的假设，为寻找新路径扫清障碍。

- **第三步：扩大检索范围**。为了发现新的可能性和解决方案，必须扩大信息检索的范围。不仅限于已有的知识库和经验，还要积极寻求外部资源，如行业报告、专家观点和创新案例等。通过多元化的信息输入，激发新的灵感和思路，为构建新版路径提供丰富的素材。

- **第四步：升级新路径**。在充分了解各种相关信息后，初步构建出新版路径，并结合好路径的四个特点（即一致、充分、无害和少投入）逐一进行评估，从而产出更恰当的新路径。

- **第五步：验证有效性**。最后，在实际工作场景实践这些新路径，并通过行动实践、数据收集和分析反馈，来检验其实际效果和可行性，并不断进行调整和优化。

16　如何确保真的治好

> 如果强调什么，你就检查什么；你不检查，就等于不重视。
> ——IBM 公司前总裁路易斯·郭士纳

还记得中层管理者过马路的正确姿势吗？要诀是"一停二看三通过"。

- 一停：无论拿到什么样的挑战、任务、指标或难题［初始问题（P_x）］，切忌直接开始行动。一定要先停下来，心态放平稳，告诉自己——"慢就是快"。
- 二看：借助两个铁三角，快速观察并调整姿势。其中，借助上三角——"PBP 铁三角"，来确定问题背后的问题［即本质问题（P_0）］；借助下三角——"PAS 铁三角"，来解决问题背后的问题（即路径）。
- 三通过：落实路径、采取行动的过程中，依然要保持警觉，借助路径优化、指标追踪和交付物迭代来随时调整身姿，以防过程风险，优雅又安全地拿到好结果。

"一停二看"我们已经搞定，接下来，我们终于可以"三通过"了，而要点就是：路径优化、指标追踪和交付物迭代。

路径优化

路径产出后，就一劳永逸了吗？当然不是，因为变化无时不在、无处不在，而很多变化都可能会导致路径不完全匹配，甚至完全不匹配。常见的变化包括但不限于这几类：政策调整、市场变化和内部变动。

- **政策调整**。例如，作为国内知名光伏企业的中层管理者，你负责华南市场，由于采取了一系列卓有成效的措施，今年前 5 个月华南的销量做到了全国第一。你正打算继续深化这些措施，以便持续领先，但这个月底"531 新政"出来了——新投运的、采用"自发自用、余电上网"模式的分布式光伏发电项目，全电量度电补贴标准要降低 0.05 元。这导致原来的市场策略难以为继，你必须进行"路径优化"。

- **市场变化**。例如，作为国产新能源汽车头部企业销售条线的中层管理者，经过这一年多的努力，你们的某款车型每月销量高，为公司贡献了非常多的现金流。但今晚小米 SU7 上市，目标客户群体与我们的车型高度重合，而 SU7 标准版售价定在了 21.59 万元，直接对我们进行了一万点暴击,如果不调整路径,我们这款车型的销量不仅仅暴跌,还很可能被清零。再如,市场竞争激烈,各家争相价格战,经过几次降价后,我们的利润已微乎其微。作为分厂厂长,你带领大家努力了3个月,产品生产总成本终于下降了4.8%,距离5%的目标只差0.2个百分点了。但在这个节骨眼上,俄乌战争爆发,关键原材料价格随之暴涨25%,这也把你的成本推高了17%,原来的降本措施瞬间不够管用了,是不是得进行"路径优化"?

- **内部变动**。例如,经过4个月的努力,你主导的全球供应链整合计划已渐入佳境,预计下个季度有望在采购周期缩短、采购价格降低和保供能力提升等维度上大幅好转。可是就在此时,组织架构调整带来的一系列震荡也逐渐显现出来了,如海外的几位供应链主管几乎同一时间被挖走,一时间内部人顶不上来,外招需要时间且就算快速招到熟悉内部情况也要很久。显然,原来的推进策略面临巨大挑战,此时,你不得不结合现有资源情况进行调整。

指标追踪

指标追踪有四种方式,如表5-1所示。

表 5-1 指标追踪的四种方式[1]

追踪方式	定量目标中的指标项数量 单个	定量目标中的指标项数量 多个	取数周期 短	取数周期 长
第 1 种：直接追踪	√	√	√	
第 2 种：模拟追踪	√	√		√
第 3 种：定项追踪		√		√
第 4 种：关联追踪	√			√

注：取数周期的长短，是个相对概念。一般以标准的 3 个月的行动学习来说，如果"指标项"要 1 个月以上才能取数一次，则属于"取数周期长"；如果"指标项"每双周甚至每天都能取数，则属于"取数周期短"。

这里不做详细展开，仅以常见的"直接追踪"为例，来介绍如何追踪。例如，你关注的某项工作，有两个重要指标 A 和 B，经过指标追踪你发现：指标 A 在 8 月应该去到 380，而实际只到了 360，有 20 个单位的差距，接下来，你该怎么办？指标追踪表，如表 5-2 所示。

表 5-2 指标追踪表

指标项	指标值	计划/实际	7月	8月	9月
指标 A	400	计划	350	380	430
		实际	352	360	/
指标 B	68%	计划	45%	55%	68%
		实际	45%	57%	/

指标没跟上，通常无怪乎就是：分析内容有问题、分析结

---

[1] 源自《行动学习3.0：从"过程引导"到"思维引领"》一书。

论有问题、策略制定有问题，或者实际执行有问题。

- 分析内容有问题。检查分析内容，看是否有符合课题分析的两句话要点。
    - ✓ 课题分析要点一：课题分析，瞄准的是短期交付物，以及其对照的现状。
    - ✓ 课题分析要点二：课题分析，瞄准的是离我最近的定量指标的理想状态，以及其对照的现状。
- 分析结论有问题。如果课题分析内容没有跑偏且充分，那需要检查分析结论是否有问题。
- 策略制定有问题。如果分析结论也没问题——正确且无重要遗漏，那就要看就此制定的策略是否靠谱，而检查的手段则是好路径的四个特点：一致、充分、无害、少投入。
- 实际执行有问题。如策略制定也没问题（符合好路径的四个特点），那就很可能是执行出了问题——要么是没有落实，要么是行动滞后了，要么是执行过程中走了样。

找到被追踪指标异常背后的原因，才能制定更有效的策略，从而迎头赶上。

交付物迭代

在日常工作中全力憋大招，希望交付物第一稿就能定型其实不现实，这种心理也很容易造成更多的损失和风险。建议最好是三步迭代。

- **第一步：论证。** 严格意义上讲，论证分为两类。一类是在目标设定环节，必须优先充分考量定量指标的合理性。在定量指标合理的基础上，再结合有效性校验和充分性校验这两条标准对可能的交付物进行论证（此时的交付物只是个概念），这样能够有效降低盲目投入的风险。另一类是发生在交付物初稿完成时，这时需要论证其有效性和充分性，并进行必要的修改和完善，避免为了产出交付物而产出交付物。

- **第二步：试错。** 没有人能在陆地上就掌握游泳这项技能——除了电影《西虹市首富》中发明陆地游泳器的大神。试错允许团队在较低的成本和风险下，尝试不同的方式，从而迅速发现并解决潜在问题。这一过程不仅加速了迭代的速度，还促进了团队的创新思维和应变能力。什么？你的项目比较特殊，不允许试错？那就在论证和试点中多下一些功夫吧。

- **第三步：试点。** 丑媳妇早晚也是要见公婆的，只是在此之前，还是要打扮一番，方显尊重。而试点就是那面镜子，能够帮助我们把交付物打理得更棒！在更大范围内实施交付物前之前，可以选择具有代表性的小范围环境进行实际运作，以检验交付物在实际应用中的表现和适应性。试点不仅能够验证交付物的整体效能，还能收集用户反馈，为后续的全面推广提供宝贵的数据支持。

瞧，论证、试错、试点，这三步走下来，咱们的交付物不仅越来越强大，连带着咱们自己也从"新手中层"升级成了"问题解决大师"！

遇事不要慌，严格遵循"一停二看三通过"的原则，才能帮助中层管理者优雅又安全地拿到好结果，并且确保真的治愈——

- 不仅指标达成，而且能稳定住（通过交付物）；
- 不仅目标实现，而且目的也被有效助力。

附录

部分课题解题过程回顾

附录 A "如何降低员工流失率"解题过程

【案例名称】如何降低员工流失率
【案例背景】

　　B 公司是香港和深圳上市公司，营业额和总市值均超过千亿元。其业务布局涵盖电子、汽车、新能源和轨道交通等领域，并在这些领域发挥着举足轻重的作用，从能源的获取、存储，再到应用，全方位构建零排放的新能源整体解决方案。经过 20 多年的高速发展，B 公司现已在全球设立 30 多个工业园，实现全球六大洲的战略布局。

　　2019 年，来自 B 公司各个板块的近 500 名中高管组成 50 多个团队研讨真实重要的课题，其中汽车板块某小组研讨的课题为"如何降低员工流失率"。

【初始问题（P_x）→目的】

　　首先，团队借助"关键词立体解读法"来针对关键词进行了快速提问和讨论，立即发现应该优先聚焦在高级工程师上，因为：

- 流失率居高不下。自主品牌汽车快速发展，市场上高级工程师的需求缺口很大，很多竞争对手会用双倍工资来本司挖人，导致这两年的高级工程师流失率一直在 35%～45% 高位徘徊。
- 技术外流风险大。公司这几年在市场上的知名度稳步快速提升，成为很多友商的研究（模仿）对象。高级工程师这么重要的群体、这样高的流失率，会加大核心技术外流的风险。
- 外招几乎无可能。这些年来，我司为行业培养了大量的人才（当然也包括高级工程师），俨然成为造车行业的"黄埔军校"，大家都习惯于来我司高薪挖人，我们能外招到合适高级工程师的概率很小，只能自己培养。
- 培养难度大、周期长。高级工程师需要熟练掌握多种专业技能才能胜任工作，培养难度大，而且周期很长（通常至少需要3年）。
- 严重影响新车交付。目前因为高级工程师缺口大，多款新车研发进度严重受阻——甚至公司准备明年上市的某战略车型也深受其害，对此，高层很着急。

结合这些重要信息，团队成员进一步拉起，提炼出了公司发起这个课题的几个初心，也就是目的。
- 目的之一：降低高级工程师大量流失带来的负面影响。
- 目的之二：降低公司对于高级工程师的依赖度。
- 目的之三：助力新车按时、高质、高效交付。

【目的→本质问题（P_0）】

第一稿目的出来了，我们接下来要尝试放下——找到本质问题（P_0）。具体就要借助"三个灵魂之问"来完成。

- **灵魂之问一：这些目的的拉起足够了吗？**乍一看，这三点目的很好。仔细一想，似乎还可以补充第四点目的："探索高级工程师培育新模式"——公司不也是希望通过这个课题研究能在人才培训上跑出一条新道路吗？这样，目的就差不多齐全了。
    - ✓ 目的之一：降低高级工程师大量流失带来的负面影响。
    - ✓ 目的之二：降低公司对于高级工程师的依赖度。
    - ✓ 目的之三：助力新车按时、高质、高效交付。

附录 部分课题解题过程回顾

- ✓ 目的之四：探索高级工程师培育新模式。
- **灵魂之问二**：为了助力达到这些目的，一定要研究初始问题（P_x）吗？显然，我们已经聚焦到了高级工程师这一特定群体，再继续研究初始问题（P_x）"如何降低员工流失率"已不合适，所以，"如何降低员工流失率"并非我们要找的本质问题（P_0）。
- **灵魂之问三**：我们最应该做的［本质问题（P_0）］是什么？摆在大家面前的可能选项，是以下几个。
  - ✓ 选项一：如何降低高级工程师流失率？尽管将关注点从"员工流失率"缩小到"高级工程师流失率"看似更为聚焦，但也直接把我们带进了死胡同——友商双倍工资挖角直接导致了高级工程师流失率居高不下，而我们又根本无法给这些高级工程师大幅加薪，以免成本大幅上升并导致其他级别工程师也变得不稳定［这个潜在的本质问题（P_0）与"风险适度"这一标准不匹配］。鉴于此，首先排除了这一选项。
  - ✓ 选项二：如何确保新车按时、高质、高效交付？我们为什么特别在意高级工程师的流失率？或者说，高级工程师流失率高怎么了吗？归根结底，还不是因为这极大地影响到了新车的交付？所以，如果我们把课题聚焦在"如何确保新车按时、高质、高效交付"是不是更为本质？确实，这样的话，这个课题更为本质，但现有团队显然搞不定这个大项目所涉及的资金、机制、技术和人才等内容［这个潜在的本质问题（P_0）与"职权之内"和"风险适度"这两个标准不匹配］。所以，选项二也不得不放弃。

✓ 选项三：如何降低对于高级工程师的依赖度？从组织层面来说，降低对于某些人员的依赖度是必须考量的。但在实操层面，我们还真得特别注意，因为一不小心就可能搞到满盘皆输——当任何群体听到公司要降低对自己的依赖度时，都可能会丧失对公司的信任，甚至引起严重动荡，这与我们追求的"风险适度"标准相违背，所以，经过审慎评估后，我们判断这个聚焦方向也不合适。

✓ 选项四：如何缩短高级工程师的培养周期？短时间内流失率降不下来已成定局，大张旗鼓地研究降低对于高级工程师的依赖度也不恰当，这可怎么办？其实，高级工程师的供需失衡是导致当前困境的主因之一。因此，如果我们可以快速培养高级工程师，将能够有效缓解内部新车研发进度滞后的情况。随着公司造血能力的不断增强，友商也不再愿意花双倍工资来挖人，从而高级工程师的稳定性问题也将得以解决。同时，团队成员刚好也是来自研发、制造和人力的中高层管理人员，职责权限上也很匹配。

于是，团队综合考量后，决定将"如何降低员工流失率"的初始问题（P_x），放下为"如何缩短高级工程师的培养周期"[本质问题（P_0）]，就非常符合这几个评价标准了：能助目的、能消痛点、重要紧迫、职权之内、风险适度，具体如表 A-1 所示。

附录　部分课题解题过程回顾

表 A-1　待选本质问题（P_0）评价表（如何降低员工流失率）

待选本质问题（P_0）	本质问题（P_0）评价标准				
	能助目的	能消痛点	重要紧迫	职权之内	风险适度
选项一：如何降低高级工程师流失率	×	√	√	√	×
选项二：如何确保新车按时、高质、高效交付	×	√	√	×	×
选项三：如何降低对于高级工程师的依赖度	×	√	√	√	×
选项四：如何缩短高级工程师的培养周期	√	√	√	√	√

【初始问题（P_x）→目的→本质问题（P_0）】

回顾界定这一课题的思考过程，整理出这一课题的解题要素与调用知识点对照表，如表 A-2 所示。

表 A-2　解题要素与调用知识点对照表（如何降低员工流失率）

	初始问题（P_x）	目的	本质问题（P_0）
解题六要素	如何降低员工流失率	1）降低高级工程师大量流失带来的负面影响 2）降低公司对于高级工程师的依赖度 3）助力新车按时、高质、高效交付 4）探索高级工程师培育新模式	如何缩短高级工程师的培养周期
调用知识点	关键词立体解读法 三拉（拉高/拉远/拉全） 三个灵魂之问		

171

快思慢行：中层如何抓住本质拿结果

附录 B "如何提高智慧园区解决方案的客户价值"解题过程

【案例名称】如何提高智慧园区解决方案的客户价值

【案例背景】

经过多年发展，C公司已成为国内极少数具备数字化转型全栈核心能力的企业之一，旗下拥有大数据与人工智能、基础软件（操作系统、数据库、CAD）、卫星互联网等自主可控核心技术产品，同时拥有物联网、云/边缘计算等信息技术及解决方案，已为政务、能源、运营商、金融、交通等领域近1000家大型政企客户提供数字化转型服务。

近年来，公司业务发展迅速，后备干部储备严重不足。2023年，公司启动了中层干部"远航计划"，旨在通过6个月的学习，提升大家的管理水平，并解决几个重要且紧急的实际业务课题，课题之一是"如何提高智慧园区解决方案的客户价值"。

【初始问题（P_x）→目的】

首先，团队借助"关键词立体解读法"来针对关键词进行了快速提问，具体如表B-1所示。

表B-1 "关键词立体解读法"提问清单

（如何提高智慧园区解决方案的客户价值）

解读维度	提问参考
平推	什么叫智慧园区 主要指的是哪些智慧园区？有优先级别吗 （接上）为什么会这样划定？更恰当的划定标准应该是什么 与智慧园区相对应的（业务），还有哪些

172

（续表）

解读维度	提问参考
平推	（接上）它们之间的区别与联系是什么 什么叫解决方案 解决方案具体包括哪些部分/内容 什么叫客户价值？出现什么结果就表示客户价值得以有效彰显了 （接上）我们现在的主要差距是什么？为什么会有这样的差距 与"解决方案客户价值"相关的关键词还有哪些？它们之间是什么关系
下探	目前"智慧园区解决方案的客户价值"彰显得不够的主要表现有哪些？为什么会这样 （接上）这影响到了什么 有哪些部门和岗位对于这个课题能否做好至关重要？他们的态度如何 这个课题是否做好对内部的哪些部门和岗位会有很大影响？目前他们的态度如何 这个课题是否做好对外部客户会有什么影响？他们的痛点是什么
上提	公司（领导）为何要选择"智慧园区"作为切入点？公司（领导）为何要提"解决方案的客户价值"？他们的考量是什么 在未来的业务版图中，智慧园区将会占有怎样的比重？"解决方案的客户价值"又意味着什么 比"解决方案的客户价值"更上层的概念/关键词有哪些？它们之间的关系与区别是什么

然后，团队针对这些提问进行深度交流，就如下痛点达成了共识。

第一，传统业务遇到瓶颈，三年规划目标达成堪忧。政策红利期已过，传统业务迎来守势，总营收增长缓慢，三年规划要实现困难重重。

第二，智慧园区业务生机勃勃，但我们进展缓慢。智慧园区市场足够大，且需求源源不断，华为、阿里和运营商等先入者已取得了一定的成功。我司两年前开始着手布局，但是目前业务进展缓慢。

第三，智慧园区已有合作客户，但项目认可度低。已有3个

快思慢行：中层如何抓住本质拿结果

智慧园区项目在交付阶段，但交付效率和质量都堪忧，引起了客户的多次抱怨。交付阶段暴露出来的这些问题，很多都指向了售前阶段——对需求理解不足、对技术储备不够、对交付风险预估不够。

第四，智慧园区商机支撑投入大，但效率低下。各种类型、各种客户的智慧园区需求都在支撑，资源不集中且方案缺乏针对性（不同场景、不同对象的不同需求，都用一个解决方案来支撑，实际商机支撑交付物内容匹配率不到30%），导致商机转化率不到10%，售前支撑效率极低。

进而，团队结合业务痛点，跳出初始问题"如何提高智慧园区解决方案的客户价值"（P_x），尝试站在上帝视角"三拉"（拉高、拉远、拉全），总结提炼出了这一课题的几个目的。

目的之一：开赛道。公司制定了百亿的战略目标，而传统业务增长乏力，亟须快速开拓"智慧园区"这一新赛道（未来要成为公司主赛道），促进公司营业收入增长，保驾护航公司至少未来五年的发展。

目的之二：立标杆。现在市场竞争比较激烈，C公司作为相对来说比较晚进入的玩家，亟须有影响力的客户案例，来助力市场成功。

目的之三：促协同。无论是拿单的效率和成本，还是交付的质量和交期，普遍都很有提升空间。而追溯源头，主要都是在售前阶段不得要领（不知道要协同什么、不知道需要谁来协同、不知道需要借助什么来协同、不知道做到什么程度叫协同到位了），希望通过这个课题研究，能够梳理清楚售前脉络，促进渠道、市场、售前和交付等部门的有效协同，进而提高商机有效性和转化率。

目的之四：育人才。借这个机会，能够培育一些专业人才，为未来的大规模业务开拓储备更多人才和能量。

目的之五：探模式。要能探索出符合C公司实际情况的"智慧城市"业务快速拓展新模式，并沉淀出可复制的方法论。

【目的→本质问题（P_0）】

团队借助"三个灵魂之问"（见表 B-2），对五大目的更为笃定，也进一步明确了本质问题（P_0）——如何提高智慧园区项目组售前能力？

表 B-2　三个灵魂之问

灵魂之问	回应
灵魂之问一：这些目的拉起足够了吗	足够
灵魂之问二：为了助力达到这些目的，一定要研究初始问题（P_s）吗	不一定
灵魂之问三：我们最应该做的 [本质问题（P_0）] 是什么？（评价标准：能助目的、能消痛点、重要紧迫、职权之内、风险适度）	如何提高智慧园区项目组售前能力

【本质问题（P_0）→目标】

结合"目标设定三原则"和"目标设定四陷阱"，目标设定评估表（如何提高智慧园区项目组售前能力）如表 B-3 所示。

表 B-3　目标设定评估表（如何提高智慧园区项目组售前能力）

目标	目标设定三原则		符合度
长期目标：2年内，商机转化率提高 1 倍、售前支撑效率提高 60%	本质上：要能助目的、能消痛点	能助目的	√
		能消痛点	√
短期目标：5 个月内，客户认可率提高 50%、售前支撑效率提高 30%，且产出《需求调研报告》、《智慧园区解决方案 PPT》、《高层交流文件》、《技术交流文件》和《内部赋能材料》等 12 份交付物	内容上：定量指标与交付物相映成辉	有效性校验	√
		充分性校验	√
	操作上：先长后短设定，最终必可量化，短期关注交付（物）	先长后短设定	√
		最终必可量化	√
		短期关注交付（物）	√

【目标→现状】

结合"课题分析的两句话要点",团队针对目标和现状展开分析,寻找改善空间。课题分析思路表(如何提高智慧园区项目组售前能力)如表 B-4 所示。

表 B-4　课题分析思路表(如何提高智慧园区项目组售前能力)

课题分析要点	对照提问 / 分析(部分)
课题分析要点一:课题分析,瞄准的是短期交付物,以及其对照的现状	【仅以《需求调研报告》这一交付物为例,进行 AB 类分析。说明:A 类分析是指"瞄准短期交付物进行分析。直接思考短期交付物应该长什么样,然后对照现状说明改善之处、这会带来哪些新的不适/困难,以及应该如何推动才能让交付物落地更顺"。B 类分析是指"瞄准短期交付物对照的现状进行分析。可以分析(与交付物有关的)现状有哪些不妥之处,或做内外部标杆研究来抄作业,或调研相关方了解目前不足,或通过过往问题回溯现状的不足之处"】 • 这份《需求调研报告》是给谁用的?他需要用这份报告做什么 • 为了让这份报告更能满足他的需要,这份报告必须回应哪几个核心问题 • 为此,这份报告的结构应该是怎样的?为了填充这个结构,我们需要拿到哪些信息?通过什么渠道和手段可以拿到这些信息 • 以往报告的结构是怎样的?这个结构的适用性如何 • 以往报告做得不好的地方有哪些?什么原因导致了效果不好?我们的可改善之处有哪些 • 哪些公司/业务条线/个人是标杆?他们是怎么做到的?对我们有什么启发 • ……
课题分析要点二:课题分析,瞄准的是离我最近的定量指标的理想状态,以及其对照的现状	【仅以"售前支撑效率提高 30%"为例,进行 CD 类分析。说明:C 类分析是指"瞄准离我最近的定量指标的理想状态进行分析。结合该定量指标的理想状态,来推测其背后支撑力量的理想状态,再对照盘点现状找不足和原因"。D 类分析是指"瞄准离我最近的定量指标对照的现状进行分析。直接瞄准该定量指标的现状进行分析,结合二八法则找重点改善之处"】

（续表）

课题分析要点	对照提问 / 分析（部分）
课题分析要点二：课题分析，瞄准的是离我最近的定量指标的理想状态，以及其对照的现状	• 如果售前支撑效率可以做到最好，这对哪些部门/岗位/个人/环节提出了哪些要求？目前他们的主要差距是什么？导致这些差距的背后原因是什么？在这些原因中，有哪些是完全不可控的？有哪些是内部可控的？为什么一直没有控制好？如果要想控制好（这些差距），我们的策略是什么？这又会落在哪些交付物和负责人身上？如果时间和资源有限，为了达成短期目标，哪些策略的投入会更具性价比？承接的交付物又是哪些，以及负责人又是哪些人 • 明细分析。我们可以拉出来过去1年售前支撑的数据，借助"5W+Why"进行分析，来看哪些项目类别/支撑类别/客户类别/项目经理/销售人员/支撑人员做得特别不好，结合二八法则锁定最应该改善的点，并形成路径 • 对标分析。我们可以研究内外部的标杆，看看他们是怎么做到"售前支撑效率"这个指标极其优秀的，并对照我们的实际情况，来看具体可以怎么抄作业，以及最终可以落在哪些交付物和负责人身上 • 流程分析。我们也可以拉一条售前的主流程出来，看：售前的起点在哪里？终点在哪里？中间经过了哪些环节？有哪些环节需要支撑？分别需要什么支撑？需要谁来提供支撑？要支撑到什么程度？目前我们在这些支撑上，分别做得怎么样？（效率和质量。）要想这些支撑都到位，相关环节/岗位/内容上的难点/痛点是什么？公司层面要做什么，才能尽可能消除或减弱这些难点/痛点，从而让这些支撑真正能落实到位？有哪些标准化的工作可以极大降低我们的压力并提升支撑效率？为了完成这些标准化的工作，我们需要哪些资源？通过什么渠道/方式可以拿到这些资源？在获取这些资源之前，我们需要做好哪些准备工作？需要提交的交付物又有哪些，以及负责人又有哪些人 • ……

快思慢行：中层如何抓住本质拿结果

【现状→路径】

根据课题分析的结论，我们便会找到突破点。这时，恰当路径的产出也就自然而然了。

【初始问题（P_x）→目的→本质问题（P_0）→目标→现状→路径】

回顾界定和解决这一课题的完整思考过程，整理出这一课题的解题要素与调用知识点对照表，如表 B-5 所示。

表 B-5 解题要素与调用知识点对照表（如何提高智慧园区解决方案的客户价值）

	初始问题（P_x）	目的	本质问题（P_0）	目标	目标/现状（分析）	路径
解题六要素	如何提高智慧园区解决方案的客户价值	1）开赛道 2）立标杆 3）促协同 4）育人才 5）探模式	如何提高智慧园区项目售前能力	长期目标：2 年内，商机转化率提高 1 倍、售前支撑效率提高 60% 短期目标：5 个月内，客户认可率提高 50%、售前支撑效率提高 30%，且产出《需求调研报告》、《智慧园区解决方案 PPT》、《高层交流文件》、《技术交流文件》和《内部赋能材料》等 12 份交付物	详见表 B-4	/
调用知识点	关键词立体解读法 三拉（拉高/拉远/拉全） 三个灵魂之问		目标设定三原则 目标设定四陷阱		课题分析两句话要点	好路径的四个特点 抵抗路径依赖五步法

178

附录 C "如何降低软件变更人力投入"解题过程

【案例名称】如何降低软件变更人力投入

【案例背景】

D 公司是国际领先的移动出行科技公司之一，深度聚焦于智能座舱、智能驾驶和网联服务三大领域的高效融合，持续开发高度集成的智能硬件和领先的软件算法，为全球客户提供安全、舒适、高效的移动出行整体解决方案和服务。

最近几年，公司高速发展，年均业务增长超过 40%，这对经营管理带来了众多挑战。于是公司为中基层管理者量身定做了培养方案，其中非常重要的一部分就是大家要组成团队研究真实业务课题，边干边学、边学边干，最终实现业务发展与能力提升共舞。2020—2023 年，D 公司共有 1000 余名中基层管理者系统受训，研讨了超过 130 个真实课题，年化创利 4 亿元人民币。

在 D 公司解决的众多课题中，有一个名为"如何降低软件变更人力投入"的课题。

【初始问题（P_x）→目的】

前期，大家已经借助"关键词立体解读法"针对关键词"软件"、"变更"和"人力投入"及关联词进行了发问和讨论，并且团队达成了几点重要共识。

- 第一，比"软件变更人力投入"更上层的关键词是"软件变更管理"，"软件变更人力投入"、"软件变更时长"和"软件变更及时率"等关键词都属于"软件变更管理"的一部分。
- 第二，变更的痛点，至少主要体现在以下几个方面。

- ✓ 变更次数多。过往3年变更次数直线上升,从原来的每年200次,猛增到现在的每月近百次。
- ✓ 变更识别晚。通常到了M3.3、M3甚至M4才发现需要变更,变更压力大、成本高、风险高。
- ✓ 变更不规范。虽然有公司级的变更指引,但由于业务形态变化很快,这份指引对于目前的变更帮助不大。各个小团队都有自己的变更套路和打法,各有优劣但缺乏系统性的规范。
- ✓ 变更周期长。特别简单的变更1~3天就能完成,复杂一些的变更1个月很正常,甚至有变更会长于3个月。
- ✓ 变更人力高。花在变更上的工作量已占到部门总工作量的38%,加班逼近极限但仍然有大量的延迟。
- ✓ 变更不彻底。由于变更数量大、团队成员经验又相对不足,变更不彻底时有发生,导致很多客户抱怨、投诉和索赔,甚至影响到了一些新项目的获取。
- ✓ ……

• 第三,关于"软件变更管理"应该做到什么程度,目前大家尚未达成一致意见。

通过"三拉"(拉高、拉远、拉全)来拉起,团队初步探寻到"如何降低软件变更人力投入"这一课题的目的——两提两降一探索。

- • 目的之一:提满意度。变更可能会带来一系列的联动问题,如导致客户抱怨,以及满意度降低。如果变更管理做好了，让客户更放心，那么满意度不仅不会下降，可能还会提升。长远来说，对于客户持续复购也会产生积极促进。

- **目的之二：提竞争力**。当变更管理做好了时，整体的经营管理水平在上升，这也将助力行业竞争力的提升。
- **目的之三：降风险**。有些变更如果不够彻底，或者变更后的风险没有清晰识别出来，产品/服务随着整车流向市场，一旦出现问题（甚至事故），后果可能会非常严重。
- **目的之四：降成本**。过去3年业务量增长150%，变更数量增长600%，平均变更时长增加220%，部门花在变更上的工作量已占到总工作量的38%，大量的人力和物力耗了进去，已给公司带来了很大的成本压力，亟须降本。
- **目的之五：探模式**。公司更希望借此机会将变更管理标准化、流程化、规范化，并探索出符合本公司实际情况的变更管理新模式。

【目的→本质问题（P_0）】

第一稿目的出来了，接下来要放下找到本质问题（P_0）。具体就要借助"三个灵魂之问"来完成。

- **灵魂之问一：这些目的拉起足够了吗？** 关于这一点，团队经过深思熟虑，发现还需要再补充一点：提升变更预警能力，即能够尽早识别出来后续可能的变更并提早进行干预。于是，迭代后的目的变为六个——"三提两降一探索"。
  ✓ 目的之一：提能力（提升变更预警能力）。
  ✓ 目的之二：提满意度。
  ✓ 目的之三：提竞争力。

- ✓ 目的之四：降风险。
- ✓ 目的之五：降成本。
- ✓ 目的之六：探模式。

- 灵魂之问二：为了助力达到这些目的，一定要研究初始问题（P_x）吗？显然，通过继续研究初始问题（P_x）"如何降低软件变更人力投入"，对六大目的的助力已经不够了（至少在目的一、二、三、四、六的助力上不足），所以，"如何降低软件变更人力投入"并非我们要找的本质问题（P_0）。

- 灵魂之问三：我们最应该做的［本质问题（P_0）］是什么？摆在大家面前的可能选项，是以下几个。

  - ✓ 选项一：如何提高软件变更人效？落在人效上，对于控制成本和准交（甚至是提高客户满意度）都会有帮助，但对于风险管控和源头控制变更，有所欠缺［这个潜在的本质问题（P_0）在"能助目的"和"能消痛点"这两个标准上的匹配度不足］，似乎不太合适。

  - ✓ 选项二：如何降低软件变更成本？变更成本不仅包括变更人力成本，还涉及测试成本、晚交付带来的机会成本，以及后续的追踪成本等，落在变更成本上，是更近了一步，但组织提出这个课题的痛点似乎并不只是成本［这个潜在的本质问题（P_0）在"能助目的"和"能消痛点"这两个标准上的匹配度不足］。

  - ✓ 选项三：如何降低软件变更造成的风险？组织很关注风险，当有些变更做得不够到位，引起客户投诉甚至是事故时，那就不仅是索赔的问题，公司形象也可能会严重受损。但只是降低了风险，但内部管理依然不能大上台阶、成本依然居高不下、变更依然总超期[这个潜在的本质问题（P_0）在"能助目的"和"能消痛点"这两个标准上的匹配度不足]，这也不是组织想看到的结果。

✓ **选项四：如何减少变更次数？** 降量当然重要，也更本质，如果量降了，会极大减小组织压力。但同时看回来，整个流程很长，降量需要在前置流程上多下功夫，本组的团队成员职责权限并不匹配[这个潜在的本质问题（P_0）违背了应该在"职权之内"的标准]，并且眼前已经发生或即将要进行的变更，不能不管，而且要赶快管并管好。

✓ **选项五：如何提早识别并有序高效变更？** 提早识别就可以更从容应对；有序变更能让我们处变不惊、有条不紊；高效变更能降低成本、缩短周期。嗯，这个课题看起来不错。

✓ **选项六：如何做好软件变更管理？** "软件变更管理"包含的内容更全面和系统，管理的对象至少包括质量、时间、成本和风险，做这个课题，从"重要紧迫"的角度来看无疑是最好的，但是考虑到团队成员的构成，确实力不从心[这个潜在的本质问题（P_0）在"职权之内"和"风险适度"这两个标准上的匹配度不足]，所以，并不合适。

借助"三个灵魂之问"，最终，团队确定选择更符合"五大标准"的"选项五：如何提早识别并有序高效变更？"来作为本质问题（P_0），具体如表 C-1 所示。

表 C-1　待选本质问题（P_0）评价表（如何降低软件变更人力投入）

待选本质问题 P_0	本质问题（P_0）评价标准				
	能助目的	能消痛点	重要紧迫	职权之内	风险适度
选项一：如何提高软件变更人效	×	×	√	√	√
选项二：如何降低软件变更成本	×	×	√	√	√
选项三：如何降低软件变更造成的风险	×	×	√	√	√
选项四：如何减少变更次数	√	√	√	×	√
选项五：如何提早识别并有序高效变更	√	√	√	√	√
选项六：如何做好软件变更管理	√	√	√	×	×

至此，由初始问题（P_x）（如何降低软件变更人力投入），走到了本质问题（P_0）（如何提早识别并有序高效变更），具体的如表 C-2 所示。

表 C-2　课题澄清表（如何降低软件变更人力投入）

初始问题（P_x）	痛　　点	目　　的	本质问题（P_0）
如何降低软件变更人力投入	1）变更次数多。过往 3 年变更次数直线上升，从原来的每年 200 次，猛增到现在的每月近百次 2）变更识别晚。通常到了 M3、M3.3 甚至 M4 才发现需要变更，变更压力大、成本高、风险高 3）变更不规范。虽然有公司级的变更指引，但由于业务形态变化很快，这份指引对于目前的变更帮助不大。各个小团队都有自己的变更套路和打法，各有优劣但缺乏系统性的规范	1）提能力（提升变更预警能力） 2）提满意度 3）提竞争力 4）降风险 5）降成本 6）探模式	如何提早识别并有序高效变更

附录　部分课题解题过程回顾

（续表）

初始问题（P$_x$）	痛　点	目　的	本质问题（P$_0$）
如何降低软件变更人力投入	4）变更周期长。特别简单的变更 1～3 天就能完成，复杂一些的变更 1 个月很正常，甚至有变更会长于 3 个月 5）变更人力高。花在变更上的工作量已占到部门总工作量的 38%，加班逼近极限但仍然有大量的延迟 6）变更不彻底。由于变更数量大、团队成员经验又相对不足，变更不彻底时有发生，导致很多客户抱怨、投诉和索赔，甚至影响到了一些新项目的获取		

【本质问题（P$_0$）→目标】

结合"目标设定三原则"和"目标设定四陷阱"，目标设定评估表 1（如何提早识别并有序高效变更）如 C-3 所示。

表 C-3　目标设定评估表 1（如何提早识别并有序高效变更）

目　标	目标设定三原则		符合度
长期目标：1 年内，M3.2 前识别出来的变更数量占总变更数量比例达到 80%、变更及时率提高 50%、变更人效提高 35%	本质上：要能助目的、能消痛点	能助目的	√
		能消痛点	√
短期目标：3 个月内，M3.2 前识别出的变更数量提高 25%、变更及时率提高 20%、变更人效提高 20%，且产出交付物：《软件设计开发流程 2.0》、《软件评审方案 2.0》和《软件变更操作指引 2.0》	内容上：定量指标与交付物相映成辉	有效性校验	√
		充分性校验	×
	操作上：先长后短设定，最终必可量化，短期关注交付（物）	先长后短设定	√
		最终必可量化	√
		短期关注交付（物）	√

185

结果发现,"充分性校验"不 ok。于是,团队认真思考后进行了完善,短期目标中补充了另外两个交付物:《软件需求解读规范2.0》和《软件需求确认清单2.0》。至此,目标设定三原则中的七子项评估完全符合,如表 C-4 所示。

表 C-4 目标设定评估表 2(如何提早识别并有序高效变更)

目标	目标设定三原则		符合度
长期目标:1年内,M3.2 前识别出来的变更数量占总变更数量比例达到 80%、变更及时率提高 50%、变更人效提高 35%。	本质上:要能助目的、能消痛点	能助目的	√
		能消痛点	√
短期目标:3 个月内,M3.2 前识别出的变更数量提高 25%、变更及时率提高 20%、变更人效提高 20%,且产出交付物:《软件需求解读规范 2.0》、《软件需求确认清单 2.0》、《软件设计开发流程 2.0》、《软件评审方案 2.0》和《软件变更操作指引 2.0》	内容上:定量指标与交付物相映成辉	有效性校验	√
		充分性校验	√
	操作上:先长后短设定,最终必可量化,短期关注交付(物)	先长后短设定	√
		最终必可量化	√
		短期关注交付(物)	√

【目标→现状】

结合"课题分析的两句话要点",团队针对目标和现状展开分析,寻找改善空间,如表 C-5 所示。

附录　部分课题解题过程回顾

表 C-5　课题分析思路表（如何提早识别并有序高效变更）

课题分析要点	对照提问 / 分析（部分）
课题分析要点一：课题分析，瞄准的是短期交付物，以及其对照的现状	【仅以《软件变更操作指引 2.0》这一交付物为例，进行 AB 类分析。说明：A 类分析是指"瞄准短期交付物进行分析。直接思考短期交付物应该长什么样，然后对照现状说明改善之处、这会带来哪些新的不适/困难，以及应该如何推动才能让交付物落地更顺"。B 类分析是指"瞄准短期交付物对照的现状进行分析。可以分析（与交付物有关的）现状有哪些不妥之处，或做内外部标杆研究来抄作业，或调研相关方了解目前不足，或通过过往问题回溯现状的不足之处"】 • A 类思考/回应：瞄准短期交付物进行分析。直接思考短期交付物（《软件变更操作指引 2.0》）应该长什么样，然后对照现有操作指引《软件变更操作指引 1.0》说明改善之处、这会带来哪些新的不适/困难，以及应该如何推动才能让《软件变更操作指引 2.0》落地更顺 • B 类思考/回应：瞄准短期交付物对照的现状进行分析。分析现有操作指引《软件变更操作指引 1.0》有哪些不妥之处，或做内外部标杆研究，或调研相关方了解目前不足，或通过过往问题回溯现有操作指引《软件变更操作指引 1.0》的不足之处
课题分析要点二：课题分析，瞄准的是离我最近的定量指标的理想状态，以及其对照的现状	【仅以"变更及时率提高 20%"为例，进行 CD 类分析。说明：C 类分析是指"瞄准离我最近的定量指标的理想状态进行分析。结合该定量指标的理想状态，来推测其背后支撑力量的理想状态，再对照盘点现状找不足和原因"。D 类分析是指"瞄准离我最近的定量指标对照的现状进行分析。直接瞄准该定量指标的现状进行分析，结合二八法则找重点改善之处"】 • C 类思考/回应：瞄准离我最近的定量指标的理想状态进行分析。"变更及时率"这个指标的理想状态应该是 100% 及时，如果变更及时率要做到 100% 及时，那么： 　✓ 这对哪些部门/岗位/个人/环节提出了哪些要求 　✓ 目前他们的主要差距是什么？导致这些差距的背后原因是什么 　✓ 在这些原因中，有哪些是完全不可控的

（续表）

课题分析要点	对照提问/分析（部分）
课题分析要点二：课题分析，瞄准的是离我最近的定量指标的理想状态，以及其对照的现状	✓ 在这些原因中，有哪些是内部可控的？为什么一直没有控制好 ✓ 如果要想控制好（这些差距），我们的策略是什么？这又会落在哪些交付物和负责人身上 ✓ 如果时间和资源有限，为了达成短期目标，哪些策略的投入会更具性价比？承接的交付物和负责人又是哪些 • D类思考/回应：瞄准离我最近的定量指标对照的现状进行分析。 ✓ 明细分析。目前有40%的变更是不及时的，我们可以拉出来过去几个月的变更不及时数据，借助"5W+Why"进行分析，来看哪些项目类别/变更类别/变更等级/变更起因/客户类别/项目经理/软件工程师/变更环节做得特别不好，结合二八法则锁定最应该改善的点，并形成路径 ✓ 对标分析。我们可以研究内外部的标杆，看看他们是怎么做到"变更及时率"这个指标极其优秀的，并对照我们的实际情况，来看具体可以怎么抄作业，以及最终可以落在哪些交付物和负责人身上 ✓ 流程分析。我们也可以拉一条变更的主流程出来，看：变更的起点在哪里？终点在哪里？中间经过了哪些环节？每个环节耗时多久？哪些环节超时了？超时的原因是什么？要想压缩这个环节时长，在这个环节需要做什么改善？在前面的哪些环节又要做哪些改善（能够减少或杜绝本环节的超时）？承接的交付物是什么，以及负责人是谁？这样做可能带来的负面影响有哪些？如果我们想达成这样的好效果但又不想要这些负面影响，我们应该如何进一步升级这些改善策略和交付物 ✓ ……

【现状→路径】

根据课题分析的结论，我们便会找到突破点。这时，恰当路径的产出也就自然而然了。

附录　部分课题解题过程回顾

【初始问题（P_x）→目的→本质问题（P_0）→目标→现状→路径】

回顾界定和解决这一课题的完整思考过程，整理出这一课题的解题要素与调用知识点对照表，如表 C-6 所示。

表 C-6　解题要素与调用知识点对照表（如何降低软件变更人力投入）

	初始问题（P_x）	目　的	本质问题（P_0）	目　　标	目标/现状（分析）	路　　径
解题六要素	如何降低软件变更的人力投入	1）提能力（提升变更预警能力） 2）提满意度 3）提竞争力 4）降风险 5）降成本 6）探模式	如何提早识别并有序高效变更	长期目标：1年内，M3.2 前识别出来的变更数量占总变更数量比例达到 80%、变更及时率提高 50%、变更人效提高 35% 短期目标：3 个月内，M3.2 前识别出的变更数量提高 25%、变更及时率提高 20%、变更人效提高 20%，且产出交付物：《软件需求解读规范 2.0》、《软件需求确认清单 2.0》、《软件设计开发流程 2.0》、《软件评审方案 2.0》和《软件变更操作指引 2.0》	详见表 C-5	/
调用知识点	关键词立体解读法 三拉（拉高/拉远/拉全） 三个灵魂之问			目标设定三原则 目标设定四陷阱	课题分析两句话要点	好路径的四个特点 抵抗路径依赖五步法

189

后记

你重回跑道了吗

后记　你重回跑道了吗

> 智者不畏难题扰，慧眼识珠解纷扰。
>
> ——民间俗语

全书接近尾声，你还记得多少？

其实，本书的要点，一句话就能说清，那就是：

"通过'问题解决沙漏模型'（见图后记-1）来精准界定问题并高质高效解决，同时在过程中发展中层管理者的概念技能（和人际技能）。"

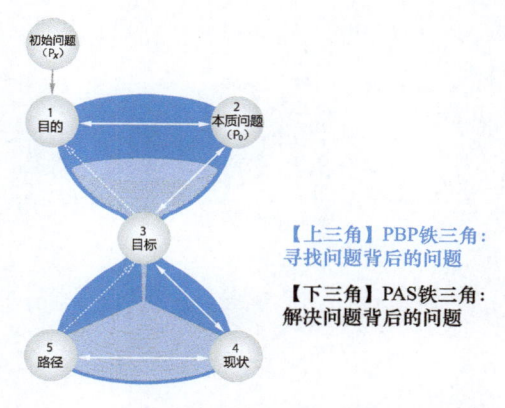

图后记-1　问题解决沙漏模型

【上三角】PBP铁三角：寻找问题背后的问题

【下三角】PAS铁三角：解决问题背后的问题

智者不畏难题扰，慧眼识珠解纷扰。掌握"问题解决沙漏模型"，能够让你的中层之路更为顺畅。现在，你准备好重回跑道了吗？

反侵权盗版声明

电子工业出版社依法对本作品享有专有出版权。任何未经权利人书面许可,复制、销售或通过信息网络传播本作品的行为;歪曲、篡改、剽窃本作品的行为,均违反《中华人民共和国著作权法》,其行为人应承担相应的民事责任和行政责任,构成犯罪的,将被依法追究刑事责任。

为了维护市场秩序,保护权利人的合法权益,我社将依法查处和打击侵权盗版的单位和个人。欢迎社会各界人士积极举报侵权盗版行为,本社将奖励举报有功人员,并保证举报人的信息不被泄露。

举报电话:(010)88254396;(010)88258888
传　　真:(010)88254397
E-mail: dbqq@phei.com.cn
通信地址:北京市万寿路 173 信箱
　　　　　电子工业出版社总编办公室
邮　　编:100036